EVA-MARIA SCHNURR (Hg.)

DAS CHRISTENTUM

EVA-MARIA SCHNURR (Hg.)

DAS CHRISTENTUM

Die Geschichte einer Religion, die die Welt verändert hat

Cord Aschenbrenner, Markus Deggerich,
Alexandra Gittermann, Jens Glüsing,
Christoph Gunkel, Nils Klawitter,
Uwe Klußmann, Susanne Koelbl,
Joachim Mohr, Bettina Musall, Jan Puhl,
Volker Reinhardt, Judith Rosen,
Klaus Rosen, Johannes Saltzwedel,
Andreas Urs Sommer, Michael Sontheimer

Bassermann

ISBN 978-3-8094-4956-0

1. Auflage
Genehmigte Sonderausgabe

Die Texte dieses Buches sind erstmals in dem Heft
»Das Christentum. Die erfolgreichste Religion der Welt« (Heft 6/2017)
aus der Reihe SPIEGEL GESCHICHTE erschienen.

Projektleitung dieser Ausgabe: Martha Sprenger
Typografie und Satz: DVA/Andrea Mogwitz
Umschlaggestaltung: Timo Wenda,
nach einer Vorlage von Büro Jorge Schmidt, München
Umschlagmotiv: The Last Supper, Carducho, Bartolomé (1560–1608)/
Prado, Madrid, Spain/Bridgeman Images
Herstellung: Franziska Polenz

MIX
Papier | Fördert gute Waldnutzung
FSC® C014496

Penguin Random House Verlagsgruppe FSC® N001967

Druck und Bindung: GGP Media GmbH, Pößneck

Printed in Germany

414048330118

Inhalt

TEIL II: Zwischen Glaube und Macht

ANHANG

VORWORT

Die Geschichte des Christentums ist faszinierend, sogar für Nichtchristen: Vor mehr als zwei Jahrtausenden entstand die Glaubensgemeinschaft als jüdische Sekte. Inmitten der antiken Götterwelt stieg sie unaufhaltsam auf, heute ist sie weltweit die Religion mit den meisten Anhängern.

Die Einflüsse des Christentums gehen weit über das Spirituelle hinaus. In vielen Kontinenten, etwa in Europa, den USA oder Südamerika, hat es Denken, Werte und Kultur nachhaltig geprägt. Bildende Kunst, Musik, Architektur, Philosophie und Ethik, all das war jahrhundertelang eng verbunden mit der Religion. Parteien berufen sich in ihrem Namen auf das Christentum, das vermeintlich »christliche Abendland« wird immer wieder beschworen. Selbst in der weitgehend säkularisierten Gegenwart ist noch zu spüren, wie stark der Erlöserglauben die Welt verändert hat. Aus dem historischen Selbstverständnis Europas ist das Christentum – auch mit seinen Schattenseiten wie Glaubenskriegen oder Ketzerverfolgungen – nicht wegzudenken.

Gerade aus der Perspektive einer Zeit, in der religiöse Bindungen abnehmen, stellt sich deshalb die Frage: Was machte das Christentum über all die Jahrhunderte hinweg so attraktiv? Wie gelang ihm die beinahe globale Verbreitung in Gebieten mit ganz unterschiedlichen kulturellen Voraussetzungen? Diesen Fragen gehen die Autoren in diesem Band nach. Quer durch die Jahrhunderte zeichnen sie die Entwicklung des Christentums nach, erläutern unterschiedliche Traditionsstränge und berichten über die Weiterentwicklung der Lehren und die gesellschaftlichen Folgen daraus.

In einem Überblick erläutert SPIEGEL-Redakteur Johannes Saltzwedel, maßgeblich mitverantwortlich für das Konzept dieses Buches, ein zentrales, scheinbar paradoxes Erfolgsrezept der Erlösungsreligion: Einerseits kodifizierte die Kirche schon früh die christliche Lehre, regelte selbst kleinste Details und schloss immer wieder angeblich abweichende Lehransichten aus. Andererseits jedoch führte spirituelles Suchen und Hinterfragen des Althergebrachten immer wieder auch zu neuen Strömungen wie der Reformation von Martin Luther im Jahr 1517. Sie rissen die Menschen mit, hielten den Glauben lebendig – und erneuerten das Christentum auf diese Weise immer wieder von innen.

Dass das Christentum zum Inbegriff abendländischer Tradition werden würde, war dabei anfangs gar nicht abzusehen. Denn es erzielte seine ersten missionarischen Erfolge im Osten – bis etwa zum Jahr 1300 gab es in Asien mehr Christen als Europa. Warum das Christentum dort besonders früh ankam und warum diese Episode heute fast vergessen ist, erläutert der Historiker Peter Frankopan von der Universität Oxford im Interview.

Nicht selten waren es einzelne Entscheidungen, die maßgeblich waren für die Ausbreitung der Religion – und nicht selten stellte sich deren Tragweite erst später heraus. So stritt die Urgemeinde um Petrus und Paulus erbittert darum, ob nur Juden Christen werden durften oder auch Heiden. SPIEGEL-Redakteur Markus Deggerich hat nachvollzogen, wie der Streit die Weichen für die weitere Entwicklung stellte; der Althistoriker Klaus Rosen erzählt am Beispiel des Kirchenvaters Augustinus, welche religiösen Angeboten spirituell Suchenden in der Spätantike zur Verfügung standen und warum die Wahl bei immer mehr von ihnen auf das Christentum fiel.

Doch nicht immer überzeugten spirituelle Kraft oder staatliche

Autorität – auch mit roher Gewalt wurde die christliche Religion durchgesetzt. Das grausame Vorgehen gegen Abweichler und Andersgläubige schildert SPIEGEL-Redakteur Nils Klawitter in seinem Text über die Inquisition. Gewaltexzesse im Namen der Religion, wie sie etwa im Dreißigjährigen Krieg verübt wurden, ließen immer wieder Zweifel am Wahrheitsanspruch der Religion aufkommen. In Europa drohte das Christentum an Attraktivität zu verlieren: Selbst die Protestanten, aufgebrochen, die Kirche zu erneuern, hatten sich unter der Fürstenmacht eingerichtet. Nun aber traten wieder Erneuerungsbewegungen an, die den Erlöserglauben ein weiteres Mal attraktiv machen wollten. Die Pietisten propagierten eine innerliche Spiritualität, die auf das religiöse Gefühl setzte. Der Aufklärungstheologe Friedrich Schleiermacher hingegen bemühte sich, Religion und Rationalität zu versöhnen und schuf damit die Grundlagen des modernen Protestantismus. Und im 20. Jahrhundert erregten die südamerikanischen Befreiungstheologen weltweit Aufsehen mit ihrem Versuch, Christentum und Sozialismus zusammenzubringen.

Dieses Buch will Einblicke liefern ein die mehr als 2000-jährige Geschichte des Christentums, seinen Werdegang nachvollziehen und damit vielleicht auch manche Entwicklungen der Gegenwart besser verständlich machen. Denn so uralt die christlichen Traditionen auch sein mögen, seine Überzeugungskraft wahrte das Christentum gerade dadurch, dass es sich immer wieder neu erfand.

Wir wünschen Ihnen spannende Lektüre.

Hamburg, im Juli 2018
Eva-Maria Schnurr

Helden der Transzendenz

Seit Langem ist das Christentum die führende Weltreligion – trotz vieler Rangeleien um Konfessionen und Ketzer. Es liegt wohl an seiner inneren Vielfalt und der Fähigkeit, sich unentwegt selbstkritisch neu zu erfinden.

Von Johannes Saltzwedel

Der Angeklagte war gut vorbereitet. Man bezichtige ihn also, er lehne die religiösen Überzeugungen seiner Mitbürger ab? Dabei glaube er doch an dämonische Mächte. Geradezu spöttisch wies Sokrates, Athens berühmt-berüchtigter Fragekünstler, den Vorwurf der Gottlosigkeit zurück. Vergebens: Das Gericht verurteilte ihn zum Tod. Die mögliche Flucht lehnte er ab; kurz darauf trank er im Gefängnis den Schierlingsbecher.

Das war 399 v. Chr. Ziemlich genau zwei Jahrtausende später stand wieder ein angeblicher Gotteslästerer vor dem Tribunal. Giordano Bruno, ehemals Mönch, hatte gelehrt, das Universum sei unendlich und beherberge zahllose Welten. Obendrein hatte er laut seinen Anklägern die Göttlichkeit Jesu, Marias Jungfräulichkeit, die Wandlung von Brot und Wein in Leib und Blut Christi sowie die ewige Verdammnis geleugnet. Am 17. Februar 1600 wurde Bruno auf dem Campo de' Fiori in Rom verbrannt.

Beide gingen aufrecht in den Tod: Sokrates verlangte beim Schlussplädoyer gar, man solle ihn fortan wie einen Ehrenbürger im Rathaus beköstigen. Und Bruno, auch nach jahrelangen Gefängnisqualen ungebrochen, drehte den Spieß diagnostisch um: »Möglich, dass ihr mit größerer Furcht das Urteil gegen mich sprecht, als ich es annehme.«

Etwas Entscheidendes allerdings trennt die beiden Ketzer. Sokrates sah sich beschuldigt, »die Götter nicht zu glauben, welche der Staat glaubt, sondern allerlei neues Dämonisches« – Paragrafen aber konnten die Ankläger nicht zitieren. Brunos Inquisitoren hingegen folgten haarklein den kirchen- und zivilrechtlichen Handbüchern. Während der Athener Denker durchaus Chancen gehabt hätte, freigesprochen zu werden, trieben die römischen Rechtskenner ihr Opfer im Namen des dreieinigen Gottes nach allen Regeln dogmatischer Kunst in die Enge.

In der hellenischen Welt des Sokrates wohnte nach alter Ansicht jedem Stadtstaat ein übernatürliches Wesen inne, aber auch jeder Quelle und jedem Gewächs. So gut wie alles war irgendwie heilig oder göttlich. Glaube äußerte sich im Vollzug, im Ritual; alles Weitere blieb Einweihungswissen.

Zu Brunos Zeit dagegen war die kirchliche Lehre genauestens festgeschrieben. Über Jahrhunderte hatten Theologen die Prüfung dessen, was sich christlich nennen durfte, immer weiter verfeinert. Mit jemandem, der zu dieser Lehre in Widerspruch geriet, verfuhren die Wächter des Glaubens nicht zimperlich – gerade jetzt nicht: Nach erbitterten Konfessionskriegen sah sich die römische Kirche in Abwehrstellung. Von 1545 bis 1563 hatte sie im Konzil von Trient noch einmal ihren Anspruch bekräftigt, allein selig machend zu sein, auch wenn die Zweifel daran spätestens seit Luthers Reform nicht mehr verstummten.

Wie hatte es so weit kommen können? Hatte nicht das Christentum in der spirituellen Vielfalt der Spätantike als Gemeinschaft der Nächstenliebe eine klare Alternative zu den eher moralfreien Götterwelten der Römer und Griechen sein wollen? Anfangs ein Ableger des Judentums, war die neue Religion als monotheistische Heilslehre aufgetreten, die ein baldiges Endgericht Gottes erwartete und ihren Anhängern nach der Mühsal des irdischen Daseins Erlösung verhieß. Die »frohe Botschaft« (so die Übersetzung von »Evangelium«) verkündete, die Jesus-Gläubigen seien durch den Opfertod und die Auferstehung ihres Heilands von Sündenschuld gereinigt. Warum hatte dies in engstirnigen Dogmatismus und Ketzerjagd umschlagen können?

Wer das erklären will, muss die erstaunliche Entwicklung des Christentums in Rechnung stellen. Durch seinen Aufstieg zur Staatsreligion im Römischen Reich und seinen Provinzen 380 n. Chr. bewirkte es eine der größten Umwälzungen in der Menschheitsgeschichte – mit so vielen Aspekten, dass man nur einige zu nennen braucht, um das Maß des mentalen Wandels anschaulich zu machen.

Da ist der völlige Umschwung im Weltverständnis überhaupt: Zuvor hatten nur ein paar versprengte Sektierer das Leben als leidvolle Prüfung vor dem befreienden Übertritt ins Jenseits betrachtet; nun aber war die Lehre von der letztlich sündhaftverfallenen irdischen Welt öffentliches Credo, das Gebet an den Erlöser amtlicher Ritus.

Da ist die tiefe Umgestaltung des Soziallebens: Am Anfang der Kaiserzeit, inmitten einer faszinierenden Glaubensvielfalt, galten Christen als beargwöhnte Sekte mit anarchischen Neigungen, die man bändigen, ja bekämpfen musste. Seit dem römischen Kaiser Konstantin dem Großen wurde aus den einst Verfolgten die neue Führungsschicht; im Zerfall des Reiches übernahmen Bischöfe oft sogar die weltliche Herrschaft ihrer Region.

Schon der Wechsel zu einer Buchreligion, die Berufung auf heilige Schriften, die man nun sammelte, übersetzte, auslegte und kommentierte, veränderte einschneidend den Charakter der christlichen Spiritualität. Aber vor allem auch den Denkhaushalt krempelte das Christentum radikal um. Dass der allmächtige Gott wie schon bei den Juden kein Bildnis von sich dulden mochte, verstörte viele Gläubige; der als schmählich geltende Kreuzestod des Erlösers, die Geschichte von seiner Auferstehung und erst recht die schwer verständliche Trinitätslehre von der Einheit zwischen Gott Vater, Sohn Jesus und dem Heiligen Geist befremdeten ebenso.

Und doch war die frühere Vielfalt von Mythen und Kulten erstaunlich rasch durch neue, christliche Konzepte überlagert. An die Stelle von Orakelsprüchen, wie man sie zu Sokrates' Zeiten in Dodona oder am Apollon-Heiligtum von Delphi erlangen konnte, trat die Erwartung der nahen Wiederkunft Christi, dazu die Prophetenweisheit des aus dem Judentum übernommenen Alten Testaments. Heilige Schriften bürgten nun dafür, wie Göttliches und Menschliches zusammenhing. Man opferte keine Tiere mehr, aber Altäre samt Gebetshandlungen gab es weiterhin. Nach und nach wurde es gute Sitte, als Sünder Beichte abzulegen und Buße zu tun. Den Platz antiker Kraftgestalten wie Herakles, die als göttlich verehrt worden waren, übernahmen Apostel, Märtyrer und andere Vorbilder. Wo zuvor Göttinnen überirdische Macht ausgeübt hatten, wandte man sich jetzt an Maria und weibliche Heilige.

Die bunte Bilder- und Sagenwelt der polytheistischen Antike wurde durch schlichte Symbole ersetzt, allen voran das Kreuz. In feindlicher Umgebung fanden Christen im Zeichen des Fisches zueinander: Die Figur aus zwei Rundbogen signalisierte das griechische Wort »Ichthys« (Fisch) – unter Eingeweihten das Kürzel für »Iesous Christos Theou Hyios Soter« (Jesus Christus, Gottes

Sohn, der Erlöser). Aber auch das Bild von Jesus als gutem Hirten, der seine Schafe weiden lässt, war früh verbreitet.

Zu dieser neuen Bildwelt – die auf kultivierte Griechen und Römer ziemlich einfältig wirkte – kam ein radikal anderer Umgang mit der Sprache. Seit Jahrhunderten war Redekunst die Basis nicht nur des politischen Umgangs, sondern der höheren Bildung überhaupt gewesen. Nun sollten plötzlich krude in griechischer Allerweltsprosa verfasste Texte aus dem Vorderen Orient ehrwürdiger sein als alle Tragödien, Versepen und anderen Wortkunstwerke zum Ruhm der olympischen Götterwelt, zudem wahrer, nützlicher und trostreicher als die in langen Schultraditionen ausgefeilte, meist auch für Lebenskunst zuständige Philosophie.

Christliche Intellektuelle, zum Beispiel der wohl in der Gelehrtenmetropole Athen geborene Clemens von Alexandria (um 150 bis um 215), bemühten sich zwar um Vermittlung – so wurde Jesus bei Clemens, wie schon im Johannes-Evangelium, reichlich abstrakt zum »Logos« (Sinn) der Welt. Dennoch klang der »sermo humilis«, die niedere Sprachform der christlichen Texte, in den Ohren hellenistisch kultivierter Menschen noch lange barbarisch simpel.

Anhänger fand die Heilslehre in besseren Kreisen eher, weil sie die Werte des Lebens neu sortierte. An die Stelle des Glücks im Hier und Jetzt trat das Versprechen künftiger Seligkeit, die man nur durch geistliche Sorge um sich selbst, Reinigung von Sünden und klares Bekenntnis erlangen konnte. War bislang die Zukunft weitgehend ungewiss, so lief die Geschichte nun – vor allem in der maßgeblichen Sicht des Apostels Paulus – auf ein Finale zu, bei dem jeder seine moralische Bilanz empfing. Das wirkungsvolle Buch des Kirchenvaters Augustinus über den »Gottesstaat« machte daraus sogar eine strikte Zwei-Reiche-Lehre.

Sobald dieser Rigorismus, von eifrigen Predigern propagiert, nach über drei Jahrhunderten des Misstrauens und der Unterdrückung auch offiziell als Weltsicht anerkannt war, trat man durch das christliche Bekenntnis nicht nur in einen Kreis ein, der sich auserwählt fühlte – buchstäblich als Elite –, man rückte zunehmend auch sozial auf die Gewinnerseite. Stolz verzeichneten christliche Annalen, wie »heidnische« Herrscher sich taufen ließen und damit ihrem Volk ein Beispiel gaben. Region um Region schwenkte die Kultur auf christliche Maßstäbe ein; das war der eigentliche Durchbruch.

Möglich wurde er allerdings nur, weil Ritus und Glaubensleben gut organisiert waren und die Glaubensoberen weder Bündnisse mit weltlichen Herrschern scheuten noch sich selbst allein auf den geistlichen Bereich beschränkten. Noch heute erinnert das Gefüge vor allem der katholischen Kirche in vielem an die Würde des römischen Kaisertums. Nicht einmal die protestantische Ablehnung des Papstregiments in der Reformationszeit hat etwas daran ändern können, dass Gottes Bodenpersonal, wie Spötter den Klerus nennen, als weltliche Institution im Konzert der Mächte eifrig mitspielt.

Heilsaussicht und Machtfrage sind im Christentum enger aneinandergekoppelt als in den meisten anderen Religionen. Auch wenn stets Wege zur Weltflucht offenstanden, behielt das Denken in Hierarchien und weltlichen Ordnungen die Oberhand. Schon das griechische Wort für Gemeinde und dann Kirche überhaupt, Ekklesia, meinte ursprünglich die städtische Volksversammlung. Und in der gewaltigen Jenseitsreise von Dantes »Göttlicher Komödie« (1321) stellt sich nach den immer schrecklicheren Kreisen des Höllentrichters und den nicht minder penibel definierten Sühne-Plateaus des Läuterungsberges heraus, dass auch das Himmelreich in Sphären wachsender Heiligkeit gestaffelt ist.

Straffe Hierarchien und klares Machtbewusstsein sind wichtige Gründe für die Engstirnigkeit der Kirche im 16. Jahrhundert. Ihr fiel ein Giordano Bruno zum Opfer, und sie hatte zuvor schon Martin Luthers Widerspruch ausgelöst, was nach 1517 zur Kirchenspaltung führte. Dennoch: Lange schien diese von der Aura alter Ideologie umwobene Ordnung, die sich auch auf protestantischer Seite schnell mit weltlichen Mächten verbündete, sich selbst zu tragen.

Aber welche Bindekraft haben die christlichen Denkmuster noch angesichts der heute weitgehend vollzogenen Trennung von Kirche und Staat und vor allem der fast vollständig individualisierten Spiritualität? Wie steht das Christentum mit seiner Heilsbotschaft und seinem Gebot der Feindesliebe da in einer Welt, die den »Kampf der Kulturen« (Samuel Huntington) immer schwerer im Zaum halten kann?

Pessimisten innerhalb der Kirchen wie Kritiker außerhalb leiten aus dem konstant hohen Saldo von Kirchenaustritten, dem Rückgang an Taufen oder Trauungen und weiteren Indikatoren ab, dass es bald mit dem Christentum vorbei sein könnte. »Europa wird in der Tat immer säkularer«, beobachtet der Schweizer Religionssoziologe Jörg Stolz. »Seit rund 200 Jahren ist jede Generation weniger religiös als die vorherige.« Er nimmt an, dass sich diese »Auskühlung« in Richtung Atheismus zunächst fortsetzen wird.

Global hingegen sieht die Sache anders aus. »In den nächsten Jahrzehnten wird die Welt nicht säkularer, sondern religiöser«, so Stolz, »weil ärmere Länder religiöser sind als reiche und eine höhere Geburtenrate aufweisen.« Zwar macht der Islam mit seinen 1,8 Milliarden Anhängern momentan die meisten Schlagzeilen, leider vorwiegend dank lautstarker Fundamentalisten und mörderischer Gotteskrieger. Aber das Christentum mit weltweit knapp 2,5 Milliarden Anhängern legt ebenso zu.

Gerade in Entwicklungs- und Schwellenländern wachsen evangelikale Freikirchen seit Jahrzehnten, die sich von überlieferten Traditionen abkehren und neue, eigene Formen der Spiritualität auf christlicher Grundlage zelebrieren. Auch für Europa trifft das in gemäßigterer Form zu – und fordert die etablierten Kirchen heraus. Auf Kirchentagen oder in Jugendgruppen öffnet sich ein Markt religiöser Möglichkeiten, von denen viele Spontaneität, Gemeinschaftsgeist und kreativen Enthusiasmus jüngerer Christen eher ansprechen als das Althergebrachte.

Eines ist so gut wie sicher: Der bis zum letzten Mausklick verschalteten Gegenwart – naturwissenschaftlich durchleuchtet, modellhaft funktional, einschüchternd hektisch, dabei weitgehend zu Optionen und Sachzwängen ernüchtert –, dieser Welt fehlt den meisten Menschen so offenkundig höhere Sinnwärme, dass Religiöses gefragt bleibt.

Auf christlicher Seite erzwingt das vor allem einen Wandel im Selbstverständnis von Pfarrern, Bischöfen und ihresgleichen. Weniger Donnerwort und Zeigefinger, mehr Lebenshilfe; weniger Dogmenstrenge, mehr individuell seelsorgerische Gesprächskunst – so ließe sich in erster Näherung beschreiben, was von Glaubenshütern heute oft verlangt wird. Allerdings haben auch strenge, charismatische Gurus Zulauf.

Was also mag aus dem Christentum werden? Angesichts der globalen Gemengelage ist es ratsam, sich bewusst zu machen, welch individualistische Kräfte in der alten Religion stecken; welch beachtliche Freiräume den Gläubigen trotz aller Dogmen und Traditionen innerhalb der christlichen Religion bleiben. In jeder Epoche hat die Suche nach dem persönlichen religiösen Erlebnis, das Bedürfnis nach eigener, unmittelbarer Frömmigkeit die kirchlichen Normen überschritten, oft sogar ausgehebelt.

Martin Luther und die anderen Reformatoren sind nur besonders prominente Beispiele dieser Dynamik des Suchens und Hinterfragens. Selbst der Umgang mit Zweifeln gehört zur langen Geschichte fortwährenden Erneuerungsdrangs. Am anschaulichsten wird das gewaltige Spektrum zwischen Mystik und Aufklärertum, Kabbalistik und Existenzialismus an ein paar Beispielen.

Da ist etwa Meister Eckhart, der heute als Mystiker berühmt ist. Zu Lebzeiten jedoch musste der Dominikanermönch sich gegen den Vorwurf behaupten, den im Jahr 1325 zwei Mitbrüder beim Kölner Erzbischof gegen ihn erhoben: Er vertrete ketzerische Ansichten. Der Beschuldigte war nicht irgendwer. Geboren nahe Gotha, zählte Eckhart von Hochheim zur Elite des europäischen Klerus. Er hatte bis 1311 die große Ordensprovinz Saxonia geleitet und mehrfach in Paris, der Hochburg theologischer Studien, als Dozent gewirkt.

Was warf man ihm vor? Äußerungen wie die folgende: »Die nach nichts trachten, weder nach Ehren noch nach Nutzen noch nach innerer Hingabe noch nach Heiligkeit noch nach Belohnung noch nach dem Himmelreich ... in solchen Menschen wird Gott geehrt.« Für die Inquisitoren klang das blasphemisch. Dabei ging der Gelehrte in seinen Predigten und Traktaten nur couragiert an die Grenzen des Sagbaren. So nannte er etwa »Abgeschiedenheit« frommer als alle Barmherzigkeit, da sie vom Elend anderer ungetrübt bleibe.

Der Fall kam bis vor den Papst, und das Verfahren lief noch, als Eckhart Anfang 1328 starb. Seither galt der Mönch, der mit meditativer Inbrunst den mystischen Funken der Verbindung von Gott und Mensch besser als frühere Theologen zu erfassen versucht hatte, kirchenamtlich als dubios. Erst viel später wurde seine mutige Sprachkunst angemessen gewürdigt.

Eckhart inspirierte in den folgenden Jahrhunderten immer wieder Visionäre. Unter ihnen war auch ein weitblickender

Kirchenrechtler von der Mosel, der es bis zum Kardinal brachte. Nikolaus Cryfftz oder Krebs, nach seinem Geburtsort Kues meist Cusanus genannt, erklärte, dass der Mensch die Realität nur über »Konjekturen« – postmodern gesprochen: in Form gedanklicher Konstruktionen – begreift; den Grund des göttlichen Seins nannte er versuchsweise das »Nicht-Andere«.

Cusanus beließ es nicht bei Theorien, die sich bis zum Paradox vorwagten. Auf dem Basler Konzil seit 1431 diskutierte er eifrig mit den angeblich ketzerischen Hussiten; als Kuriendiplomat begleitete er den byzantinischen Kaiser 1438 zum Konzil nach Ferrara. Stets auf Verbesserung aus, entwickelte er 1459 den Plan einer »reformatio generalis« der römischen Kirche. Im Alter schrieb er eine »Durchmusterung des Korans«, die den Propheten der Muslime nicht rundweg verteufelte, sondern respektvoll der »Unwissenheit« zieh.

Nicht immer blickten Glaubenserneuerer nach vorn: Nach den grausamen Konfessionskämpfen des 16. Jahrhunderts hofften viele fromme Geister auf Erleuchtung aus der Tradition. So sammelte der Schlesier Christian Knorr von Rosenroth, ein hochgebildeter Pfarrerssohn, wichtige Texte der jüdischen Mystik und brachte sie von 1677 an unter dem Titel »Kabbala denudata« (Enthüllte Kabbala) heraus. Knorr, der sich auch in Alchemie und Medizin auskannte, wollte in den alten Geheimlehren einen göttlichen Urgrund aufspüren helfen, gewissermaßen die Quintessenz allen Glaubens.

Zur großen Glaubenseinigung beitragen wollte ein Jahrhundert später auch Johann Joachim Spalding. Allerdings ging der Lutheraner genau gegenteilig zu Werke. In seiner »Betrachtung über die Bestimmung des Menschen« mied er 1748 jede Berufung auf christliche Dogmen, ja überhaupt auf Tradition; von Kreuz und Erlösung war keine Rede, der Name Jesus fiel nicht. Stattdessen legte Spalding in einem literarisch geradezu eleganten Selbstgespräch dar, »daß meine Natur mich innerlich antreibet«, Weltvertrauen, Rechtlichkeit, den Glauben an einen Schöpfer und schließlich auch die Gewissheit zu entwickeln, dass der Mensch »für ein anderes Leben gemacht« sei.

Konservative Orthodoxe waren empört. Auch fromme Erweckte und Pietisten lehnten ab, wie hier das Christentum zur Lesart aufgeklärter Vernunft heruntergedimmt wurde. War ein Gott, der als stets plausible »Stimme der ewigen Wahrheit … in mir redet«, nicht harmlos und belanglos? Erklärte man den Weltlauf weitgehend aus natürlichen Ursachen, wo blieben Sünde, Strafe und Erlösungsbedürfnis? Wurde Religion so nicht zur bloßen Gewissens-Instanz – und damit zur Privatsache?

Preußens König Friedrich dem Großen kam die neue Sicht gelegen; er machte Spalding 1764 demonstrativ zum Berliner Konsistorialrat. Der religiös liberale Monarch sah in Predigern keine Stellvertreter Christi mehr, sondern schlicht Moralapostel; genau das dachte und schrieb auch Spalding.

Die naheliegende Konsequenz zog der Aufklärer freilich nicht. Sie blieb einem Mann vorbehalten, der in Spaldings Todesjahr 1804 erst geboren wurde. Seit 1839 verfocht Ludwig Feuerbach vehement die Überzeugung, Religion sei bloß »der Traum des menschlichen Geistes«. Genauer: »Die Religion hat ihren Ursprung, ihre wahre Stellung und Bedeutung nur in der Kindheitsperiode der Menschheit, aber die Periode der Kindheit ist auch die Periode der Unwissenheit, Unerfahrenheit, Unbildung und Unkultur.«

Vor allem auf das etablierte Christentum hatte der selbst ernannte »geistige Naturforscher« es abgesehen. Jesu Leiden, die Trinität, Sammlung im Gebet oder die Verehrung der Mutter Gottes: Für Feuerbach waren das Spiegelungen innerer Bedürfnisse des Menschen, Folgen eines letztlich infantilen »Abhängigkeitsgefühls«. Sein Fazit: »Die Gottheit des Menschen ist der

Endzweck der Religion.« Aber wozu den Menschen vergöttlichen? Mitleid und Nächstenliebe seien auch ohne christliche Grundierung machbar.

Feuerbach betrieb die Entzauberung mit geradezu prophetischem Ernst und Eifer. Das ließ ihn seltsam vernunftfromm erscheinen – wie noch heute ähnlich missionarische Religionsgegner aus der Naturwissenschaft, etwa Richard Dawkins (»Der Gotteswahn«). Aber die Botschaft drang durch. Karl Marx und seine Adepten beriefen sich auf sie, weitere Christentumskritiker wie David Friedrich Strauß schlossen sich an, und selbst Nietzsches Fanalsatz »Gott ist tot« wäre ohne Feuerbach kaum denkbar.

Inmitten des anbrechenden Industriezeitalters wirkte der alte Erlösungsglaube tatsächlich immer öfter wie ein Saurier aus der Spätantike, der im Licht von Vernunft und wissenschaftlichem Fortschritt ruhig aussterben konnte. Eine verfrühte Diagnose: Anfang des 20. Jahrhunderts wurde klar, dass das menschliche Wissen nicht aus sich selbst garantiert werden kann. Gegen den marxistischen Materialismus gewendet ließ sich das auch so verstehen: Wo Gott fehlt, bleibt eine triste Leerstelle, »transzendentale Obdachlosigkeit« (Georg Lukács).

Wieder gingen religiös Kundige daran, die christliche Botschaft zu erneuern. Im Alleingang tat dies der reformierte Theologe Karl Barth aus Basel. Er nannte 1922 mit existenzialistischem Pathos Gott den »ganz Anderen«; dennoch oder gerade deshalb schrieb er den Rest seines Lebens an einer riesigen »Kirchlichen Dogmatik«. Wahres Christentum, so Barth, sei »tätige Erkenntnis«.

Inzwischen gilt Barth schon als etwas angegrauter Klassiker. Jede Generation stellt die Glaubensfragen neu, und bis heute eröffnet jede Bewegung auf dem bunten Markt der Spiritualität auch dem Christentum – oder was eben dafür gehalten wird – die Chance einer kleinen Renaissance.

Hartnäckige Verfechter der Vernunft mag das stören; »religiös unmusikalische« (Max Weber) Zeitgenossen wird es kaltlassen. Aber wer dem Menschen auch nur irgendein Verlangen nach höherem Sinn zubilligen mag – und das ist global gesehen die große Mehrheit –, wird wohl auch in Zukunft damit rechnen dürfen, dass das Christentum sich immer wieder neu erfinden, ja entdecken lässt.

TEIL I

VON DER SEKTE ZUM REICHSKULT

Oberteil einer Grabstele aus der römischen Kaiserzeit mit dem christlichen Symbol der Fische, griechisch und lateinisch beschriftet

»Das Christentum war subversiv und gefährlich«

Der christliche Glaube gilt meist als westliches Phänomen. Doch anfangs breitete sich die Lehre Jesu vor allem im Osten aus, sagt der Oxforder Historiker Peter Frankopan. Sogar im heutigen Afghanistan gab es Bischöfe.

Das Gespräch führte Johannes Saltzwedel.

SPIEGEL: Professor Frankopan, selten gab es so viel religiöse Vielfalt im Nahen Osten wie in der Antike: Griechisch-römische Götterwelt, ägyptische Kulte, Judentum und vieles mehr. Dann aber stieg von Palästina aus das Christentum auf. Eine konsequente Entwicklung – oder staunt da auch der Fachmann?
Frankopan: Natürlich ist der Vorgang erstaunlich, aus mindestens zwei Gründen: Das Christentum war weit beständiger als andere Glaubensrichtungen, und es erstreckte sich bald auf ein verblüffend großes Gebiet, vor allem nach Osten, sodass es schließlich eine Weltreligion werden konnte.

Aber wie ist das zu erklären? Erlösungsprediger gab es zur Zeit Jesu in Mengen, das haben ja schon die britischen Filmsatiriker der »Monty Python«-Truppe in ihrer frechen Evangelienparodie »Das

Leben des Brian« gezeigt. Ein Argument klingt sogar plausibel: Jesus gewann Vorsprung gerade dadurch, dass man ihn kreuzigte; so jemand meinte es offenbar ernst.

Eine reichlich zynische Betrachtungsweise. Ebenso wichtig scheint mir, dass sich sehr früh im Christentum Strukturen bildeten. Das geschieht normalerweise nicht bei gesellschaftlichen Außenseitern. Also: Jesus löste mit seiner Botschaft echten Widerhall aus; die Menschen, die ihm und seiner Lehre folgten, fühlten sich wirklich verwandelt, und das beeindruckte immer mehr Menschen.

Gab es nicht anfangs eher kleine, verstreute Gemeinden, wie das in den Briefen des Paulus um das Jahr 55 steht, mit oft verschiedenen Lehrschwerpunkten?

Es ist wahr, dass die Quellen oft ein einseitiges Bild zeichnen. So breitete sich das Christentum am Mittelmeer keineswegs sehr rasch aus. Im Osten, in Asien dagegen hatte es schneller Erfolg, bis nach Indien. Um das Jahr 600 findet man von Mesopotamien, zum Beispiel in Basra, bis ins heutige Afghanistan und in Kaschgar eine Menge Erzbischöfe, also schon sehr gefestigte Strukturen.

So etwas wird in westlichen Kirchengeschichten kaum erwähnt. Warum ging es im Osten schneller?

Wir können fast nur spekulieren. Offenbar bildete sich gerade die richtige Mischung von Motivationen heraus, die geeignete Atmosphäre für Bekehrungen. Warum bin ich Historiker geworden? Aus Interesse, aber auch weil ich damit Geld verdiene, weil Zufall und Glück mitgespielt haben, weil mir sinnvoll und nachhaltig erscheint, was ich tue, und so weiter.

Was heißt das auf das Christentum übertragen?

Religionen, die ewiges Leben versprachen, waren offenbar recht attraktiv. Der christliche Lebensstil mit seiner Grundansicht, dass Tugenden belohnt werden, erschien plausibel. Nicht zu stehlen, dem Nachbarn nichts anzutun und dergleichen war kein bloßer Rechtssatz mehr, auch nicht an Belohnung oder Profit geknüpft, sondern wurde zur persönlichen Überzeugung aufgewertet. Christen, die es ernst meinten, erschienen als bessere Menschen, als Menschen mit einem echten Lebenszweck. Natürlich ist auch Gruppendruck dabei, natürlich braucht es eine kritische Masse, um die Mehrheit der Bevölkerung zu überzeugen. Aber das gelang eben erstaunlich oft. Übrigens, rund um das Mittelmeer scheint sich das Christentum vornehmlich durch Frauen verbreitet zu haben, speziell Frauen von hohem gesellschaftlichen Status. Sie fanden damit offenbar eine Stimme, gesellschaftlich wie spirituell. Im Mittleren Osten spielte ein anderer Faktor mit: Hier war der Blick weiter, man handelte mit Kulturen in aller Welt, war neugierig auf kluge Weltanschauung.

Wollen Sie andeuten, es wurde auf einmal modisch, Christ zu sein?
Das ginge zu weit – schließlich riskierte man in den frühen Jahrhunderten einiges. Christen waren Verfolgungen ausgesetzt, nicht nur im römischen Kaiserreich, auch unter den Sassaniden, die in Persien den Zarathustra-Glauben recht gewaltsam durchsetzten. Aber tatsächlich machten »Heilige«, die ihren Glauben – auch und gerade als Askese – lebten, weithin Eindruck. Strenge und Disziplin, gerade solche antiindividualistischen Merkmale genossen Achtung. Ähnliches ist heute interessanterweise am radikalen Islam zu beobachten.

Peter Frankopan ist Professor für Weltgeschichte in Oxford und leitet dort das Zentrum für Byzanzforschung. 2016 erschien sein Buch »Licht aus dem Osten. Eine neue Geschichte der Welt« (Rowohlt Berlin).

Nun verlangte nicht nur das Christentum Selbstzucht, auch Juden, Zoroastrier, Buddhisten und andere taten das.
Mag sein, aber von wem? Das Christentum trat ausdrücklich als nicht elitär auf. Dadurch stand es über den sozialen Schranken, ja jenseits von ihnen. Es war subversiv und intern gemeinschaftsbildend zugleich, deshalb erschien es den Kaisern ja als so gefährlich. Und gewandt im Anpassen war es auch – zum Beispiel kennen wir ein Dokument, worin der Heilige Geist mit der Heiligkeit eines Buddha parallelisiert wird.

Ganz zu schweigen von hellenistischen Denkern wie Clemens von Alexandria um das Jahr 200, die dem Christentum mit seiner dem Volksglauben nahen Bildlichkeit philosophische Würde verliehen und es so auch für die Gebildeten akzeptabel machten.
Wir sollten auch nicht vergessen, dass das Christentum eine sehr menschliche Religion ist, dass es den Gläubigen auf seiner Lebensreise begleitet, dass es Mitteltöne zulässt, während es bei Zarathustra und Buddha doch eher um ein Schwarz-Weiß, um Reinigung vom irdischen Ballast und Leiden geht.

Konstantin der Große, der Gründer Konstantinopels und erste Imperator, der das Christentum als Glaubensrichtung anerkannte, war selbst bis kurz vor seinem Tod Verehrer des Sol invictus, huldigte also der Sonne als oberster Gottheit. War in solchen Kulten der Monotheismus angelegt?
Ach, das ist eher eine Streitfrage für Professoren. Sol invictus war eine von vielen Gottheiten im erstaunlich reichen, pluralen Spektrum antiker Religiosität. Wichtiger ist doch, dass die Evangelien bezeugten, Christus sei der Sohn Gottes. Und der wird hingerichtet! Und er überwindet den Tod! Dieser Sieg in der Niederlage rührt emotional an, er verbindet die Menschen viel existenzieller mit der Gottheit als der antike Glaube, wo Halb-

götter, Dämonen und zahllose andere Zwischenwesen agieren. Alles in allem: Das Christentum scheint einfach ein attraktives Gesamtkonzept angeboten zu haben.

Spielten aber nicht auch säkulare Faktoren eine Rolle? In Ihrer Weltgeschichte erzählen Sie, wie im Kaukasus das Christentum aufblühte, weil man sich so von den verhassten Sassaniden noch besser abgrenzte.
Man zeigte eben im Glauben seine Identität. Auch später erweist sich die armenische Christenheit dann als besonders eigenwillig.

Was antworten Sie auf die alte Streitfrage, ob das Christentum den Fall des Römischen Reiches mitverschuldet hat?
Das bezweifle ich. Die Völkerwanderung war eine Kettenreaktion, sie wurde durch Klimaveränderungen ausgelöst, die zu einem kriegerischen Druck von Steppenvölkern aus dem Nordosten führten. Als das Imperium unter den Angriffswellen in die Defensive geriet, war es im Inneren schon christlich; die Kaiser hatten sich ja für das Christentum entschieden, gerade weil sie es als stabilisierenden Faktor betrachteten.

Der Jesus-Glaube war in den frühen Jahrhunderten keineswegs normiert. Weiß man von Synkretisten, die mehreren Religionen zugleich oder einem Mischmasch huldigten?
Wenig – in der Regel achtete man auf Exklusivität. Aber es gibt Inschriften und Münzen aus dem Reich von Kuschan, dessen Zentrum in Nordwestindien und im Hindukusch lag, die zeigen, dass der Herrscher, obwohl er prinzipiell den Buddhismus förderte, sich als Erlöser, ja als Gottessohn darstellen ließ. Das mag politisch ein kluger Schachzug gewesen sein, aber natürlich ist es ebenso sehr eine spirituelle Aussage, in der offenbar christliche Elemente aufgegriffen sind.

Fanden Christenverfolgungen auch im Osten statt?
Ja, es gibt eine Menge Märtyrergeschichten, überwiegend aus der Sassanidenzeit. Wir müssen uns klarmachen, was das heißt: Die Menschen waren damals sicher geistig nicht beschränkter als heute. Sie entschieden sich meist sehr bewusst, einer Religion zu folgen. Fragen wie »Worin finde ich Seelenfrieden, welcher Lehre vertraue ich?« konnten existenziell sehr wichtig sein.

Aber es waren doch nicht alle tief religiös?
Natürlich nicht. Die meisten im Perserreich werden das Glaubensproblem etwa so betrachtet haben, wie wohl heutige Europäer mehrheitlich denken: Es kümmerte sie kaum. Immer aber gab es lautstarke Minderheiten, die ihre Botschaften verkündeten und unablässig im Streit lagen.

Sie haben die Konkurrenz der Religionen einen Wettlauf genannt …
Ja, es gab große Konkurrenz um Anhängerschaft. Wenn zum Beispiel der Schah die Christen schützte, war das ein Durchbruch.

Gerade in den ersten Jahrhunderten traten neue, oft dualistisch geprägte Religionssysteme auf wie der Manichäismus oder die Verehrung des Stiertöter-Heilands Mithras. Musste das Christentum inmitten solcher Konkurrenz nicht unentwegt sein Profil schärfen?
Wenn es um Erlösung und den richtigen Weg zu Gott geht, dann gibt es kein Ungefähr. Alles muss stimmen: Was sagte Jesus wirklich? Wie ist ein Bibelspruch oder eine dogmatische Vorschrift zu verstehen? Oder jenseits der heiligen Schriften: Unter welchen Umständen darf jemand wieder heiraten? Darf ich meinen Sklaven auspeitschen? Wenn ein Kind vor der Taufe stirbt, kann es dennoch in den Himmel kommen? So fingen die Bischöfe an, in Streitschriften und Konzilien über Fragen zu debattieren,

die uns heute manchmal furchtbar kleinkrämerisch vorkommen und selbst für Fachleute nicht leicht verständlich sind.

Riskierten sie damit nicht, viele Gläubige zu verschrecken?
Mag sein, aber in erster Linie rang man tatsächlich um die richtigen Antworten. Nun weiß jeder, der mal in einem Komitee saß, dass da Kompromisse nötig werden. Oft aber verheddert man sich auch in bizarren Sonderfällen. Die Bischöfe haben die Herausforderung insgesamt erstaunlich gut bewältigt. Schon bald nach dem Jahr 300 war der Klerus so einflussreich, dass man auf seine Beschlüsse achtete. Ketzerverfolgung wird ein wichtiger Weg, Autorität zu behaupten. Das zeigt sich noch Jahrhunderte später in den diversen Kirchenspaltungen, vom Großen Schisma 1054 bis zur Reformation und weiter.

Ein entscheidender Schritt war die Ausbreitung des Christentums jenseits der dicht bevölkerten Zone von Gibraltar bis zum Ganges, etwa nach Norden. Steppenvölker, slawische Stämme, germanische Stämme, selbst Nomaden wurden missioniert. Warum gelang das den Christen besser als anderen Religionen?
Stadtbewohner neigen seit je dazu, auf Landbewohner herabzublicken, sie als dumme Bauern und wilde Barbaren zu verachten. Auch vom Christentum gab es eine Metropolen-Version für Intellektuelle, aber letztlich richtete sich seine Botschaft an alle Menschen. »Gehet hin und lehret alle Völker«, hatte Jesus gesagt. Das trieb die Missionare an – samt der Aussicht, ein heiliges Werk zu verrichten, die eigene Seele zu retten und schlimmstenfalls als Märtyrer zu enden. Um 550 ist sogar auf der Insel Ceylon, dem heutigen Sri Lanka, eine christliche Gemeinde bezeugt.

Aber war die christliche Lehre mit der Dreieinigkeit und anderen Formeln nicht schwieriger vermittelbar als etwa der Zarathustra-Glaube?
Im Prinzip ja. Dennoch hatten die Missionare viel Erfolg. Es waren wohl gute Prediger – eine bessere Erklärung habe ich auch nicht. Bisweilen passten sie ihre Lehre den örtlichen Bedingungen an, griffen buddhistische oder germanische Jenseitsvorstellungen auf.

Aber wie schafften sie es, dass schließlich sogar der Kaiser von China im Jahr 635 seine Abgrenzung aufgab und den christlichen Glauben als gleichberechtigt anerkannte?
Hartnäckigkeit, Zielbewusstheit? Genau weiß man es nicht. Aufseiten des Kaisers spielt vermutlich die Einsicht mit, dass es seine Stellung nicht schmälerte, sondern ihr zugutekam, wenn Handelspartner aus dem fernen Westen sich respektiert sahen.

Schon früh ist das weit nach Osten vorgedrungene Christentum von den theologischen Debatten im Westen abgekoppelt: Am Konzil von Nicäa im Jahr 325 nehmen die persischen Christen bereits nicht mehr teil. In vielen Kirchengeschichten wird der Osten nun überhaupt nicht mehr erwähnt. Was geschah mit diesen christlichen Gemeinden?
Sie blühten weiter, und zwar erstaunlich lange. Als Ende des 15. Jahrhunderts die Portugiesen nach Indien vordrangen und etwas über Jesus und das Christentum erzählen wollten, bekamen sie zur Antwort: Hier steht doch unsere Kirche. Bis etwa 1300 gab es in Asien mehr Christen als in Europa. Noch der frühe Islam ließ die Christen oft unbehelligt; der Kalif hat Synagogen und christliche Kirchen wiederherstellen, teilweise sogar bauen lassen.

Weshalb?
Natürlich um der politischen Stabilität willen. Aber die sogenannten Schriftreligionen werden im Koran – mit seinem komplizierten, oft in sich widersprüchlichen Text – eben auch besonders behandelt. Den Glauben durch Furcht zu verbreiten, erschien unweise; Jerusalem und Alexandria ließen sich nicht einfach islamisch machen.

Das klingt jetzt aber milde. Wurde der Glaube des Propheten nicht in raschen, brutalen Eroberungszügen verbreitet?
Aus christlicher Sicht erschien das sicher so, und muslimische Historiker erzählen verständlicherweise vom Triumph des Islam. Natürlich gab es immer wieder Unterdrückung, aber nicht unentwegt und überall. Weit im Osten, etwa im zentralasiatischen Samarkand, schauen Muslime interessiert auf den Erfolg des christlichen Glaubens. In Tatarstan huldigt man nach der Eroberung äußerlich dem Islam, aber wenn die neuen Herren wegschauen, betet man wieder zum altvertrauten Sonnengott. Solche Mischungen, solche Durchlässigkeit wird es vielfach gegeben haben.

Als Historiker scheinen Sie mehr an Ähnlichkeiten und Kulturbeziehungen als am Schicksal einer Gruppe interessiert zu sein.
Gewiss – alles andere wäre einseitig und führte zu falschen Schlüssen. Darum ist mir die Sache mit dem Heiligenschein wichtig.

Was meinen Sie?
Wenige wissen, dass der Heiligenschein als Bildsymbol in erstaunlich vielen Religionen existiert: im Hinduismus, Buddhismus, Zoroastrismus und natürlich im Christentum. Da müssen gegenseitige Einflüsse am Werk sein. Genau wird sich

das nicht mehr aufklären lassen. Aber der Sachverhalt genügt eigentlich. Wer so etwas weiß, dem wird klar, dass Religionen sich unentwegt gegenseitig anregen und die spirituelle Suche des Menschen immer neue Formen findet.

Klarer Schnitt?

Durften nur Juden Christen werden oder auch Heiden? Um diese Frage entwickelte sich in der Urgemeinde um Petrus und Paulus ein heftiger Streit. Der Erfolg der jungen Religion stand auf dem Spiel.

Von Markus Deggerich

Die beiden Apostel Petrus und Paulus werden oft in einem Atemzug genannt; noch heute feiert die katholische Kirche ihren Namenstag am selben Datum. Die beiden Männer gelten als die entscheidenden Figuren des frühen Christentums nach Jesus: Petrus soll der erste Bischof von Rom gewesen sein; auf ihn hat die Kirche später das Papsttum zurückgeführt. Paulus wirkte als erfolgreicher Missionar, seine »Paulusbriefe« an die entstehenden Gemeinden am Mittelmeer wurden im Neuen Testament kanonisiert.

Doch die historischen Figuren – Bibelhistoriker sind inzwischen sicher, dass Petrus und Paulus tatsächlich lebten – waren sich in vielen Fragen alles andere als einig. Ihr Streit stand kaum hinter alttestamentlichen Zwisten wie jenen zwischen Mose und Aaron, Kain und Abel oder Josef und seinen Brüdern zurück. Im Kern ging es um die richtige Auslegung der Lehre Jesu. Genauer gesagt um die Frage, ob man nur Christ werden könne, wenn man zuvor Jude – also als Mann beschnitten – war, oder ob es auch ohne die Beschneidung gehe. Für die weitere Entwicklung des Christentums war dieses Problem elementar, wie man heute weiß: Hier entschied sich, ob der neue Glaube riskierte, als jüdische Sekte zu versanden, oder ob er seine Eigenständigkeit betonen und damit seinen Siegeszug antreten konnte.

Auf der einen Seite des Konflikts standen Petrus und Jakobus, der leseunkundige Menschenfischer und der Bruder Jesu. Sie führten die christliche Urgemeinde in Jerusalem. Diese ersten Jesus-Gläubigen lehnten sich noch stark an die jüdischen Riten an; sie missionierten nur unter Juden, pflegten das Abendmahl nur mit Gleichgesinnten, hielten die Speisevorschriften des Alten Testaments ein – und pochten bei den Männern eben auf Beschneidung als Voraussetzung für die Taufe. Jesus war in ihren Augen nicht so sehr Begründer einer neuen Religion, sondern eigentlich nur ein attraktiver Deuter der Tradition. Das Ende der Welt war ihrer Ansicht nach nah, aber sie als Elite Jesu waren dabei gewiss auf der sicheren Seite.

Das Lager der Beschneidungsgegner führte Paulus von Tarsus an: hochgebildet und alles andere als bescheiden, wie in seinen schriftlichen Selbstbeschreibungen deutlich wird. Er wollte seine Sache nach dem Seitenwechsel vom Christenverfolger zum Missionar besonders gut machen; so wie es bis heute häufig bei Konvertiten zu beobachten ist: Auf einer Reise nach Damaskus, so erzählte er es selbst, habe ihn Jesus persönlich bekehrt, er änderte seinen Namen von Saulus zu Paulus. Nach diesem Erlebnis kannte er keine Grenzen mehr. Die Welt war nicht genug, und dafür galt es, sich von alten Gewohnheiten zu trennen.

Zentrum der christlichen Gemeinde um Paulus war Antiochia am Orontes, wo sogenannte Heidenchristen wohnten. Anders als die aramäisch geprägten Judenchristen waren sie von der hellenistischen Kultur geprägt und sprachen griechisch. Sie waren weniger dem Wort der alten Schriften treu als den Bedürfnissen der Menschen zugewandt. Manche Forscher sehen in diesem Zwiespalt unter den Urchristen die ersten Anzeichen jener Wegscheide von Schrift- und Tatglauben, die viel später in der Reformation ihre volle Wirkung entfaltete.

Damals schickten die Fundamentalisten aus Jerusalem eine Abmahnung nach Antiochia: »Wenn ihr euch nicht beschneiden lasst nach der Ordnung des Mose«, zitiert die Apostelgeschichte, »dann könnt ihr nicht selig werden.« Paulus hingegen, wie so häufig nicht zimperlich, lästerte über die »falschen Brüder«, die »die Freiheit, die wir in Jesus Christus haben, auskundschaften und uns zu Knechten machen«. Gleichwohl willigte er diplomatisch in eine Art runden Tisch ein und kehrte im Jahr 48 oder 49 nach Jerusalem zurück, um bei einem Konvent der Apostel für seine Reformen zu werben. Als Anschauungsmaterial nahm er sogar einen unbeschnittenen Neuchristen mit.

Die ersten Christen pflegten zu dieser Zeit noch ein basisdemokratisches Ritual: Männer und Frauen, Arme und Reiche trafen ihre Entscheidungen mehrheitlich oder bestimmten Verhandlungsführer. Wie genau das frühkirchliche, relativ hierarchiefreie Konzil ablief, ist nur dünn belegt, aber aus dem Ergebnis und den späteren Berichten lässt sich einiges ablesen.

Paulus behauptete, allein eine Rede aus seinem Mund habe gereicht, um alle Zweifler zum Verstummen zu bringen. Denn, so das wie üblich selbstbewusste Resümee des Chefmissionars: »Sie erkannten die Gnade, die mir gegeben war.«

Seinen Gegnern aber reichte das nicht, also musste Paulus inhaltlich nachbessern. Seine Vorstellung vom Christentum skizzierte er später in den Missionsbriefen als eine Abwendung von starren Regeln hin zu den Menschen, so wie Jesus es vorgelebt hatte. Nicht die Umsetzung des jüdischen Gesetzes mache die Christen gerecht, sondern der Glaube an die frohe Botschaft von Jesus Christus – das Gebot der Liebe. Seine Theologie fasste Paulus in dem schönen Satz zusammen: »Denn der Buchstabe tötet, der Geist aber macht lebendig.« Ob das reichte, um die jüdischen Traditionen nicht mehr zur Bedingung zu machen für einen Übertritt ins Christentum?

In der Apostelgeschichte ist die Sache anders dargestellt als bei Paulus. Dort kommt Petrus besser weg: Als beim Gipfeltreffen in Jerusalem »ein heftiger Streit entstand«, habe der vermittelt: Wenn Gott doch keinen Unterschied mache zwischen Juden- und Heidenchristen – warum sollten es dann die Menschen tun, so seine listige Frage. Eine Formulierung, die alles offenließ, sodass jeder nach seiner Fasson selig werden konnte: In der Urgemeinde behielten die Judenchristen ihren Tora-Glauben und die bekehrten Heidenchristen ihre Vorhaut.

Weil auch damals schon Religion nicht losgelöst von Politik und Geschäft existierte, wurden die Jerusalemer für ihre Kompromissbereitschaft entschädigt. Die jüdisch geprägte Urgemeinde bekam das Versprechen von Paulus, dass die Missionare Geld sammeln wollten für die bedrängten Brüder in der Heimat.

So einigte man sich auf eine Art friedlicher Koexistenz und Arbeitsteilung: In Jerusalem durfte weiter gefrömmelt werden; die Arbeit der Missionare um Paulus aber sollte nicht unnötig durch Auflagen erschwert werden. Jakobus, der die Führung der Judenchristen von Petrus übernommen hatte, fasste zusammen: »Darum meine ich, dass man die Heiden, die sich zu Gott bekehren, nicht beschweren soll.«

Paulus hatte nun freie Hand. Er machte davon auf seinen ausgedehnten Missionsreisen reichlich Gebrauch – hatte er doch gewissermaßen an der Börse des Glaubens das Portfolio erweitert. Sein Christentum wurde zu einer Art Volksaktie, ohne Zugangsbeschränkung und durch die starke Betonung von Liebe, Nächstenhilfe und Menschlichkeit äußerst attraktiv für die Masse. Paulus missionierte nach hellenistischer Manier, ohne die Neuchristen noch auf das strenge jüdische Gesetz der Tora einzuschwören. Unterwegs sammelte er auch den Mediziner Lukas ein, der für Paulus dann mit den ihm zugeschriebenen Schriften über das Leben Jesu und der Apostel zur Deutungshoheit beigetragen haben soll.

Weil die Exilgemeinden schneller wuchsen als die fundamentalistischen Gruppen der Jerusalemer Urgemeinde – dort konnte man ja praktisch nur unter Juden missionieren –, entfernte sich das Christentum immer stärker von seinen jüdischen Wurzeln. Für das Jahr 40 schätzen Fachleute die Zahl der Christen noch auf rund tausend. Erst nach dem Konvent und der offiziellen Erlaubnis, auch Nichtjuden zu bekehren, begann das schnelle Wachstum.

Doch der Konflikt zwischen jüdischen und hellenistischen Strömungen im Urchristentum flammte immer wieder auf: etwa wenn Petrus, erneut wankelmütig, sich bei einem Besuch in Antiochia weigerte, mit sogenannten Unreinen an einem Tisch zu essen. Paulus heizte solche Vorbehalte eher noch an; er kehrte Antiochia und Petrus den Rücken und zog gen Westen, gründete erste europäische Ableger in Philippi und Thessaloniki und feierte seine Heldentaten reichlich in Missionsbriefen.

Fünf Mal habe er die »vierzig Geißelhiebe weniger einen« erhalten, die höchste Körperstrafe unter Juden; »dreimal wurde ich mit Stöcken geschlagen, einmal gesteinigt, dreimal habe ich Schiffbruch erlitten, eine Nacht und einen Tag trieb ich auf dem tiefen Meer«, schrieb er der christlichen Gemeinde in Korinth. Aufhalten konnte es ihn nicht. Seine Idee ging um die Welt.

So gegensätzlich die Ansichten von Petrus und Paulus zu Lebzeiten waren, so ähnlich scheint dann doch ihr Ende gewesen zu sein: Sie starben der Legende nach beide in Rom als Märtyrer.

»Wüster, maßloser Aberglaube«

Ein Briefwechsel aus der Zeit der Christenverfolgungen zeigt, wie römische Beamte mit Anhängern der verbotenen Religion umgingen.

Der reiche Römer Gaius Plinius Secundus, stil- und geschichtsbewusster Kulturfreund, Anwalt und erfahrener Verwaltungsbeamter, wurde um das Jahr 110 als Sondergesandter nach Bithynien im nordwestlichen Kleinasien geschickt. Dort bekam er es mit einer eigenartigen Religionsgemeinschaft zu tun. Offen gesteht er dem Kaiser Trajan seine Unsicherheit.

> »Gerichtsverhandlungen gegen Christen habe ich noch nie beigewohnt; deshalb weiß ich nicht, was und wieweit man zu strafen oder zu untersuchen pflegt …
> Vorerst habe ich bei denen, die bei mir als Christen angezeigt wurden, folgendes Verfahren angewandt. Ich habe sie gefragt, ob sie Christen seien. Wer gestand, den habe ich unter Androhung der Todesstrafe ein zweites und drittes Mal gefragt; blieb er dabei, ließ ich ihn abführen …
> Mir wurde eine anonyme Klageschrift mit zahlreichen Namen eingereicht. Diejenigen, die leugneten, Christen zu sein oder gewesen zu sein, glaubte ich freilassen zu müssen, da sie nach einer von mir vorgesprochenen Formel unsere Götter anriefen und vor Deinem Bilde, das ich zu diesem Zweck zusammen mit den Statuen der Götter hatte bringen lassen, mit Weihrauch und Wein opferten, außerdem Christus fluchten,

lauter Dinge, zu denen wirkliche Christen sich angeblich nicht zwingen lassen.
Andere, die der Denunziant genannt hatte, gaben zunächst zu, Christen zu sein, widerriefen es dann aber; sie seien es zwar gewesen, hätten es dann aber aufgegeben, manche vor drei Jahren, manche vor noch längerer Zeit, hin und wieder sogar vor zwanzig Jahren. Auch diese alle bezeugten Deinem Bilde und den Götterstatuen ihre Verehrung und fluchten Christus. Sie versicherten jedoch, ihre ganze Schuld oder ihr ganzer Irrtum habe darin bestanden, dass sie sich an einem bestimmten Tage vor Sonnenaufgang zu versammeln pflegten, Christus als ihrem Gott einen Wechselgesang zu singen und sich durch Eid nicht etwa zu irgendwelchen Verbrechen zu verpflichten, sondern keinen Diebstahl, Raubüberfall oder Ehebruch zu begehen, ein gegebenes Wort nicht zu brechen, eine angemahnte Schuld nicht abzuleugnen … Für umso notwendiger hielt ich es, von zwei Mägden, sogenannten Diakonissen, unter der Folter ein Geständnis der Wahrheit zu erzwingen. Ich fand nichts anderes als einen wüsten, maßlosen Aberglauben.
Somit habe ich die weitere Untersuchung vertagt, um mir bei Dir Rat zu holen. Die Sache scheint mir nämlich der Beratung zu bedürfen, vor allem wegen der großen Zahl der Angeklagten.«

Kaiser Trajan antwortete majestätisch:

»Mein Secundus! Bei der Untersuchung der Fälle derer, die bei Dir als Christen angezeigt worden sind, hast Du den rechten Weg eingeschlagen. Denn insgesamt lässt sich überhaupt nichts festlegen, was gleichsam als feste Norm dienen könnte. Nachspionieren soll man ihnen nicht; werden sie angezeigt und überführt, sind sie zu bestrafen, so jedoch, dass, wer leugnet, Christ zu sein, und das durch die Tat, das heißt: durch Anrufung unsrer Götter beweist, wenn er auch für die Vergangenheit verdächtig bleibt, aufgrund seiner Reue Verzeihung erhält. Anonym eingereichte Klageschriften dürfen bei keiner Straftat Berücksichtigung finden, denn das wäre ein schlimmes Beispiel und passt nicht in unsere Zeit.«

Übersetzung: Helmut Kasten

Seelenfänger

Schon im Altertum hatten Gottsucher die Wahl zwischen verschiedenen spirituellen Angeboten. Die frühen Christen konkurrierten nicht nur mit Judentum und traditionellem Götterglauben, sondern auch mit ganz neuen Kulten.

Von Johannes Saltzwedel

Markionismus

Aus Kleinasien gebürtig, lebte Markion, möglicherweise Seehändler von Beruf, in Rom und machte zunächst der Kirche reiche Spenden. Doch bald soll die ihm sein Geld zurückgezahlt haben, denn Markion zeigte sich als dogmatischer Eigenbrötler. Er war überzeugt, die Schriften des Alten Testaments seien mit der christlichen Heilsbotschaft unvereinbar. So sei der Schöpfergott der Genesis höchstens ein Handlanger des Himmlischen Vaters der Evangelien; Jesus habe allenfalls äußerlich Menschengestalt angenommen, sei aber nicht fleischlich geboren, gestorben und auferstanden. In einem eigenen Evangelium auf der Grundlage des Lukas-Textes schrieb Markion seine Theologie fest. Die römische Kirche brach 144 mit ihm, doch bis ins 4. Jahrhundert schrieben Kirchenväter gegen diese erste christliche Ketzerei an, die offenbar bis dahin vor allem in Kleinasien Zulauf gefunden hatte. Danach verliert sich die Spur von Markions Lehre.

Mithraismus

Ein göttlicher Held mit phrygischer Mütze tötet einen weißen Stier: Vor dem geheimnisvollen Kultbild des Mithras versammelten sich in der römischen Kaiserzeit zahlreiche Söldner und Provinzbewohner in unterirdischen Räumen zum rituellen Mahl. Da nur Eingeweihte die Symbole kennenlernten und die Lehre nicht schriftlich überliefert wurde, lässt sich kaum noch erklären, was die Mysterien so attraktiv machte. Sogar ob sich der Kult auf den altpersischen Gott Mitra bezog, ist umstritten; vielleicht hat nur ein cleverer Religionsstifter aus Rom Elemente etlicher Geheimlehren so gebündelt, dass sie wirkungsvoll die Sehnsucht nach Erlösung vom irdischen Dasein bedienten. Hunderte der unterirdischen Heiligtümer haben sich erhalten, und zeitweise dürfte die Mithras-Verehrung dem Christentum harte Konkurrenz gemacht haben. Offenbar waren nur Männer zugelassen, nicht zuletzt deshalb erfasste der Kult wohl nie alle Schichten der Gesellschaft. Im Lauf des 4. Jahrhunderts scheint er allmählich ausgestorben zu sein.

Zoroastrismus

Anhänger des ersten bekannten Monotheismus gibt es bis heute, etwa die einst vor dem Islam ausgewichenen Parsen in Indien. Schon um 500 v. Chr. war die Lehre des nur noch in Legenden fassbaren Religionsstifters Zerduscht – griechisch: Zoroaster, lateinisch: Zarathustra – im westlichen Persien heimisch. Von dort verbreitete sich der Glaube an das große Duell zwischen Gut und Böse mit dem Zentralsymbol des reinigenden Feuers über weite Gebiete des Mittleren Ostens. Nach Jahrhunderten, als sich die Urlehre längst zu einem schwer durchschaubaren heiligen Code mit Speisegesetzen, Bestattungsriten und viel Liturgie verfestigt hatte, machten die persischen Sassaniden-Herrscher (3. bis 7. Jahrhundert n. Chr.) sie mit Berufung auf altpersische Überlieferung – und in Absetzung gegen Roms Glaubensvielfalt – zur kulturellen Basis ihres Regimes. Sogar die bislang nur mündlich tradierten Texte der Feuerreligion wurden im heiligen Buch »Avesta« mit einer eigens entwickelten Schrift festgehalten; das half den Zoroastriern später, weil die islamischen Eroberer sie zumindest als »Buchreligion« respektierten.

Manichäismus

Wohl im April 216 wurde er unweit des heutigen Bagdad geboren, im Februar 276 oder 277 starb er als Häftling im heute iranischen Gundischapur – über das Leben des selbst ernannten Propheten Mani weiß man einiges. Der Glaube ist dagegen nur schemenhaft bekannt. Es handelte sich um ein komplexes Erlösungssystem, das christliche, zoroastrische und buddhistische Elemente verband, indem es vom kosmischen Kampf zwischen Licht und Finsternis erzählte. Strenge Reinheitsvorstellungen bis hin zum Zölibat der besonders Frommen bestimmten die religiöse Praxis. Mani predigte von Mesopotamien bis Armenien, hielt seine Theologie in sieben Büchern fest und gewann rasch Anhänger; seine Lehre verbreitete sich von Südeuropa bis China. Um 280 trat Manis Apostel Psattiq in Rom auf; im Jahr 312 gab es dort ein Kloster der Manichäer. Nach heftigen Verfolgungen erlosch die Lehre von etwa 400 an im Westen recht rasch; in Westchina dagegen hielt sie sich bis ins 14. Jahrhundert.

Mazdakismus

Nicht nur die christliche Kirche sah sich immer wieder genötigt, im Kampf gegen Ketzer die eigenen Lehren zu präzisieren. Auch aus dem Zoroastrismus, der Staatsreligion im Reich der Sassaniden, ist ein Fall bekannt. Zur Zeit von Großkönig Kavadh I. (gestorben 531) soll ein gewisser Mazdak aufgetreten sein, der Erlösung durch den Verzicht auf Besitz versprach und gleichsam kommunistische Zustände forderte; später hieß es, er habe auch verlangt, Frauen sollten Gemeingut aller Männer sein. Die vagen Hinweise lassen vermuten, dass Mazdak, sofern es ihn überhaupt gegeben hat, sich von verschiedenen früheren Glaubensrichtungen inspirieren ließ und sich speziell dafür einsetzte, die sozialen Spannungen im Sassanidenreich mit religiöser Militanz zu reformieren – eine Art Thomas Müntzer seiner Epoche. Klar, dass er den Hof und den reichen Adel gegen sich hatte. Von seiner Lehre ist nichts Genaues überliefert; nach 530 sind Mazdakiten anscheinend brutal unterdrückt worden.

Neuplatonismus

Rund um das Mittelmeer verehrte man zur Zeit Jesu keineswegs nur die Götter des griechisch-römischen Olymps – samt Neuzugängen aus Ägypten (etwa Serapis), Babylon und anderen Gegenden. Vor allem Intellektuelle hielten von Opfern nicht mehr viel; sie suchten auf philosophischem Weg eine möglichst rationale Weltsicht im Dienst einer glücklichen, tugendhaften und vernünftigen Existenz. Die enorm einflussreiche Tradition des Ideenlehrers Platon (427 bis 347 vor Christus) und seines Schülers Aristoteles (384 bis 322 vor Christus) nahm im Lauf der Jahrhunderte selbst beinahe religiöse Züge an. So lehrte der wohl aus Ägypten stammende Plotin (205 bis 270 nach Christus) den konsequenten Aufstieg der Seele zur Schau des »Einen«, in dem die Inbegriffe des Guten, Richtigen und Weisen zusammenträfen. Dieser bei aller logischen Strenge bis ins Meditative überhöhte »Neuplatonismus« wirkte sich auch auf die christliche Doktrin und die Bibeldeutung aus; seine Spuren sind bis in die Renaissance und länger nachweisbar.

Vom Birnendieb zum Kirchenvater

Augustinus war einer der einflussreichsten Theologen und Philosophen der Spätantike: Seine Werke prägten das abendländische Denken und gaben einen entscheidenden Anstoß für die Reformation. Sein Lebensweg aber war alles andere als geradlinig.

Von Klaus Rosen

Bitte, lieber Gott, hilf mir, dass ich in der Schule keine Schläge bekomme!« So betete der Abc-Schütze Augustinus vor dem Schlafen. Doch Gott half dem Faulpelz nicht, der lieber herumtollte, als seine Hausaufgaben zu machen. Wütend musste er erfahren, dass ihn die Eltern auslachten, sooft er nach einer Tracht Prügel weinend nach Hause kam.

Den Erwachsenen war es ja nicht anders ergangen: Schläge gehörten in der Antike zum Schulalltag. Erst als der Grammatiklehrer mit den Schülern Vergils »Aeneis« las, platzte bei Augustinus der Knoten. Begeistert lernte er Szenen des Gedichts über die Vorgeschichte Roms auswendig und durfte bei Klassenfesten die klangvollen Hexameter deklamieren.

Es war der Zündfunke für die Karriere eines der größten lateinischen Schriftsteller, der ein riesiges literarisches Werk schuf.

Auf 5,2 Millionen Wörter hat man allein den überlieferten Teil seiner philosophischen und theologischen Schriften, seiner Briefe und Predigten berechnet. Mit seinen Kommentaren zu Schriften des Alten und Neuen Testaments festigte er die Autorität der Bibel. In mehreren Mammutwerken begründete er ein christliches Geschichtsverständnis und vertiefte die katholische Trinitätslehre.

Seine Schriften wurden fortan so wichtig für das Selbstverständnis des Christentums, dass Augustinus als einer der vier großen lateinischen Kirchenväter gilt. Doch seine Entwicklung war alles andere als geradlinig; seine anrührenden Worte »Unruhig ist unser Herz, bis es Ruhe findet in dir« entspringen unmittelbar eigener Lebenserfahrung. In seinem berühmtesten Buch, den »Bekenntnissen«, erzählt er freimütig von seiner Jugend, etwa wie er eines Nachts mit Kameraden einen Birnbaum plünderte und, satt geworden, die meisten Früchte den Schweinen vorwarf.

Geboren wurde Augustinus am 13. November 354 im nordafrikanischen Städtchen Thagaste, dem heutigen Souk Ahras in Algerien. Der Vater Patricius gehörte zur städtischen Oberschicht, wenn auch nicht zu ihren reichsten Mitgliedern. Er war Heide, die Mutter Monnica Christin. Die Eltern mussten sparen, um dem Ältesten von drei Kindern das Rhetorikstudium ermöglichen zu können. Es war der Schlüssel zum sozialen Aufstieg, vor allem wenn man in Karthago an der angesehensten Universität Nordafrikas studiert hatte.

Nach dem Abschluss der Schule nabelte sich Augustinus erstmals von den Eltern ab. Er zog in das benachbarte Madauros, heute Madaourouch, um Vorlesungen zu besuchen. Nicht immer sah man ihn im Hörsaal. Er hatte eine neue Liebe entdeckt, das Theater, in dem reisende Schauspielertruppen klassische Tragödien und Komödien als Pantomimen aufführten.

Doch nach wenigen Monaten kam Augustinus ins Elternhaus zurück, um den Vater nicht zu arg zu schröpfen.

Es dauerte noch eine Weile, bis Patricius das Geld für Karthago beisammenhatte. Für den Sohn war es die Gelegenheit, in den Tag hineinzuleben, mit Sport am Nachmittag und Unfug wie dem Birnendiebstahl in der Nacht. Wer ihn auf dem Sportplatz erlebte, dem fiel auf, dass er stets der Erste und Beste sein wollte, schmutzige Tricks nicht scheute, aber lauthals meckerte, wenn er selbst gefoult wurde. Wenn Augustinus mit seinen Kameraden zusammenstand und alle mit ihren tatsächlichen oder erfundenen erotischen Erfahrungen prahlten, war er derjenige, der die pikantesten Abenteuer erlebt haben wollte.

Mit 17 Jahren ging Augustinus endlich nach Karthago. Die Großstadt mit ihren Schauspielen und den Vergnügungen am Hafen überwältigte den jungen Mann aus der Provinz, der noch nie das Meer gesehen hatte. Auch die Sexualität machte ihm zu schaffen. Bald fand er eine Frau, mit der er in anerkannter formloser Verbindung, dem Konkubinat, zusammenlebte. Nach einem Jahr gebar sie ihm den Sohn Adeodatus, den »von Gott Geschenkten«.

Den Namen gab ihm gewiss die fromme Konkubine. Denn Augustinus war alles andere als ein glücklicher Vater. Wie die Frau hieß, hat er nie verraten; seine Freizeit verbrachte er statt mit der Familie lieber im Theater oder mit seinen neuen Freunden. Das Studium der Philosophie und Rhetorik vernachlässigte er freilich nicht, und rasch bewies er seine Begabung auf beiden Feldern.

Zu seiner Lieblingslektüre wurde Ciceros »Hortensius«, ein Dialog über Jenseits und Ewigkeit. Seine erwachenden religiösen Bedürfnisse befriedigte er im Manichäismus, der schärfsten Konkurrenz des Christentums. Seit der aus dem Irak stammende Stifter Mani im 3. Jahrhundert die Lehre von Licht und

Finsternis als den beiden Grundprinzipien des Weltalls verkündet hatte, verbreitete sich seine Lehre schnell bis nach Indien, Persien und Nordafrika.

Augustinus blieb allerdings ein kritischer Manichäer. Ihm stieß auf, dass die vegetarische Lebensweise der sogenannten Auserwählten oft ebenso vorgetäuscht war wie ihre Keuschheit. Sie verrieten sich, wenn sie ihre Jünger über die unfruchtbaren Tage der Frau aufklärten.

Sobald er das vierjährige Studium beendet hatte, kehrte Augustinus 374 nach Thagaste zurück, um eine Schule zu eröffnen. Als die Mutter, inzwischen Witwe geworden, erfuhr, er huldige dem Mani, verbot die strenge Katholikin ihm ihr Haus.

Ein Freund der Familie bot ihm Unterschlupf. Die ersten Schüler sammelten sich um ihn, unter ihnen Alypius, mit dem den Älteren bald eine lebenslange Freundschaft verband. Für das geistige Leben Thagastes wäre Augustinus ein Gewinn geworden. Doch der Tod eines befreundeten und Christ gewordenen Altersgenossen erschütterte ihn so stark, dass er nach Karthago zurückkehrte, wo er eine Professur für Rhetorik erhielt.

Sechs Jahre lehrte er, immer mehr verärgert über die Rüpel in seinen Vorlesungen. Ob er seine Mutter freudig begrüßte, die ihn eines Tages überraschte und sich bei ihm einquartierte? Zweifel sind angebracht. Sollte er nicht noch einmal etwas Neues probieren? Er beschloss, sein Glück in Rom zu versuchen. An einem Sommerabend 382 bestieg er ein Schiff nach Italien.

Zuvor beging er eine Sünde, die ihm später besonders naheging: Mit einer Notlüge schüttelte er seine Mutter ab, die gern mitgekommen wäre, um ihn nicht nur aus der Ferne mit Gebeten zu beschützen. In Rom musste sich der Neuling als Privatlehrer durchschlagen, unterstützt nur von einem reichen Manichäer. Studenten vergällten ihm auch hier das Leben: Sie prellten ihn um das Hörergeld, indem sie kurz vor Abschluss des Schuljahres zu einem anderen Lehrer überliefen. Die Misere endete nach einem Jahr. Augustinus gewann die Konkurrenz um einen staatlichen Lehrstuhl für Rhetorik in Mailand, der Residenz des weströmischen Herrschers.

Nun war er wohlbestallter Professor in der kaiserlichen Metropole mit Familie und großem Haus, in dem sich bald Monnica und weitere Verwandte und Freunde aus der Heimat einfanden. Augustinus hätte also mit dem neuen Leben und der Lehrtätigkeit zufrieden sein können. Zudem wuchs sein öffentliches Ansehen, seit er eine Geburtstagsrede auf den minderjährigen Kaiser Valentinian II. gehalten und die Hofgesellschaft samt den hohen Beamten mit seinem Können beeindruckt hatte.

Doch zwei Herausforderungen trieben ihn um: die neuplatonische Philosophie und der Bischof Ambrosius. Der aus dem Hochadel stammende Inhaber des Mailänder Bischofsstuhls war Stadtgespräch. Er mischte sich in die hohe Politik ein und war die katholische Speerspitze gegen die Arianer und ihre Gesinnungsgenossen in der kaiserlichen Familie. Für diese Häretiker war Jesus zwar Gottes Sohn, aber nicht »gleichen Wesens mit dem Vater«, wie das Glaubensbekenntnis lehrte, das 325 auf dem Konzil von Nicäa verabschiedet worden war.

An Ambrosius' Sieg in diesem Konflikt war dessen begeisterter Anhängerin Monnica mehr gelegen als ihrem Sohn, den mehr der glänzende Kanzelredner interessierte. Auch ein Professor könne noch dazulernen, sagte er sich und ging in die Gottesdienste des Bischofs, um seine rhetorische Technik zu studieren. Zunächst versuchte er, den Inhalt der Predigten zu überhören. Doch bald begann er, sich mit den Themen des Predigers zu beschäftigen. Er folgte Ambrosius' Rat und vertiefte sich in die Bibel, über deren simplen Stil er früher wie so mancher Intellektuelle die Nase gerümpft hatte.

Dabei entdeckte er zwischen Christentum und Philosophie manche Gemeinsamkeiten. Zur gleichen Zeit erfuhr er von mehreren prominenten Konversionen, die ihn tief bewegten. Um selbst diesen Schritt zu wagen, bedurfte es nur noch eines kleinen Anstoßes, denn vom Manichäismus hatte er sich innerlich schon seit längerer Zeit verabschiedet.

Der Moment kam eines Tages im Garten seines Hauses, wo er in der Nachbarschaft eine Kinderstimme hörte: »Nimm und lies, nimm und lies!« War das nicht ein göttlicher Wink? Er griff zur Bibel, die auf einem Gartentisch lag, schlug zufällig den Römerbrief des Paulus auf und las mitten in den Mahnungen des Apostels im 13. Kapitel: »... nicht in Schwelgerei und Trunkenheit, nicht im Bett und in Unzucht, nicht in Streit und Eifersucht, sondern zieht an den Herrn Jesus Christus, und macht euch keine Sorgen um die Lüste des Fleisches!«

Der Würfel war gefallen – er würde ein christliches Leben beginnen. Der Bekehrte zeigte die Stelle dem anwesenden Alypius, der weiterlas bis zu den Worten: »Den Schwachen aber im Glauben nehmt an!« Der Befehl musste sich auf ihn selbst beziehen, und auch der Freund bekehrte sich.

Die Gartenszene, zentraler Abschnitt in den »Bekenntnissen«, wurde nicht selten als literarische Stilisierung verworfen, fand aber ebenso oft bewegte Leser, die ihre Historizität verteidigten. Für Augustinus war damit auch die von seiner Mutter eingefädelte Verlobung mit einem minderjährigen Mädchen geplatzt, derentwegen ihn seine langjährige Konkubine enttäuscht verlassen hatte. In den »Bekenntnissen« deutete allerdings der in seiner männlichen Ehre verletzte Verfasser an, er sei es gewesen, der ihr den Laufpass gegeben habe.

Auch seine Professur legte er nieder, weil ihn seit einiger Zeit ein hartnäckiges Brustleiden quälte. Ein Erholungsaufenthalt in Cassiciacum, einem Landgut bei Mailand, bot ihm die

Gelegenheit, mit den begleitenden Angehörigen und Freunden tiefsinnige Gespräche zu führen und ihnen ihr verborgenes Wissen zu entlocken. In Platons Dialogen hatte Sokrates diese »Hebammenmethode« vorgemacht. Neu gestärkt begann er, mehrere philosophische Schriften zu verfassen. Wieder in Mailand, ließ er sich an Ostern 387 zusammen mit seinem Sohn und mit Alypius von Ambrosius taufen.

In Mailand sah Augustinus keine Zukunft mehr; daher beschloss er, nach Thagaste zurückzukehren. Nach dem Vorbild des blühenden Mönchtums in Syrien und Ägypten wollte er in seinem Elternhaus eine Klostergemeinschaft gleichgesinnter Freunde gründen. Monnica hätte sich darüber gefreut, aber sie war auf dem Rückweg gestorben.

Die neue Klosterfamilie, zu der Alypius gehörte, lebte unter ihrem Leiter Augustinus von dem Besitz, den jedes Mitglied einbrachte. Gemeinsames Gebet und gemeinsame Mahlzeiten gehörten zum regelmäßigen Tagesablauf. Solange die Gemeinschaft klein war, brauchte es keine schriftlichen Festlegungen. Die sogenannte Augustinusregel entstand erst später.

War es 391 Zufall oder ein weiterer Wink Gottes, dass er bei einem Besuch in Hippo Regius den dortigen Christen auffiel, weil er in der Stadt ein zweites Kloster gründen wollte? Sie suchten nämlich einen Helfer für ihren Bischof, einen Griechen, dessen mühselige lateinische Predigten ihren Ohren wehtaten. Belehrungen und moralische Ermahnungen wirkten schließlich besser, wenn man dem Redner mit Genuss zuhörte. Daher empfahlen sie dem Bischof den ehemaligen Rhetorikprofessor.

Der zierte sich erst ein wenig, gab dann aber nach und ließ sich vom Bischof zum Priester weihen. Während seiner Mönchsgemeinschaft in Thagaste fortan Alypius vorstand, verwirklichte er seinen Plan und gründete neben der Bischofskirche ein neues Kloster.

Die Hafenstadt Hippo Regius, das heutige Annaba in Algerien, war allerdings ein hartes Pflaster. Neben Katholiken, Arianern und Heiden gab es dort auch eine blühende Gemeinde von Donatisten. Deren Vorfahren hatten sich mit der katholischen Kirche überworfen, weil sie ihnen in der letzten großen Christenverfolgung von 303 bis 311 nicht standhaft genug geblieben war. Seitdem hatten sich vor allem in Nordafrika die Fronten verhärtet, und donatistische Schlägerbanden, die Circumcellionen, prügelten manchen katholischen Bischof blutig.

Auch die Manichäer hatten in Hippo viele Anhänger. Gegen deren renommierten Vorsteher trat Augustinus zu einem öffentlichen religionspolitischen Schlagabtausch in den Ring und blieb Sieger. Sein scharfer philosophischer und theologischer Verstand sprach sich herum, und als 395 der amtierende Bischof von Hippo starb, musste man den Nachfolger nicht lange suchen.

Schon vorher hatte Augustinus mit Bischof Aurelius von Karthago, dem Metropoliten der nordafrikanischen Diözesen, Freundschaft geschlossen. Künftig kämpften die beiden gemeinsam gegen die inneren und äußeren Feinde der Kirche. Unermüdlich schuf Augustinus dazu die theologischen Grundlagen. Oft schrieb er die Nächte durch und setzte bei Sonnenaufgang auf dem letzten ihm verbliebenen Papyrusblatt noch den regen Briefwechsel fort, den er mit christlichen Freunden und heidnischen Gegnern führte.

Zwischen 397 und 401 verfasste er die »Bekenntnisse«, seine Lebensbeichte in 13 Büchern. Eine solche Autobiografie, die das Seelenleben ihres Verfassers offenlegte, hatte es bisher nicht gegeben. Reumütig erinnerte sich Augustinus im zweiten Buch, wie er die Kameraden angestiftet hatte, den Birnbaum leer zu plündern, statt sich lediglich satt zu essen. Was trieb ihn damals an? Hat der Mensch nicht neben seinen guten Eigenschaften eine Neigung zum Bösen?

Es muss eine Erbsünde geben, seit Adam und Eva im Garten Eden vom Baum der Erkenntnis gegessen hatten und aus dem Paradies vertrieben worden waren, erkannte Augustinus: Allein göttliche Gnade konnte die eigentlich von Geburt an verlorenen Menschen retten. Darüber führte er später mit dem Mönch Pelagius und dessen Anhängern eine erbitterte Fehde. Neben dem Manichäismus blieben die Häresien Pelagianismus, Donatismus und Arianismus die Feinde, gegen die er seine Kirche bis zum Tod hartnäckig verteidigte, etwa mit seinem 15 Bücher umfassenden Werk »Über die Trinität«. Hilfreich dabei waren die antihäretischen Religionsgesetze der katholischen theodosianischen Kaiserdynastie (siehe Kasten Seite 40).

Eine neue Herausforderung traf Augustinus im Jahr 410, als der Gote Alarich Rom eroberte und dem Römischen Reich einen Schock versetzte. Wo war der Gott der Christen geblieben, die ihm in der Stadt so viele Kirchen errichtet und ihn um Rettung angefleht hatten? Höhnisch hielten ihnen die Heiden vor, dass ihre Götter 800 Jahre lang Rom vor fremden Feinden bewahrt hätten. Das Unglück sei über sie gekommen, als immer mehr Menschen von der Väterreligion abgefallen und zum Christentum übergelaufen seien.

Es war eine gefährliche Attacke, und sie erschien historisch kaum abweisbar. Augustinus musste antworten. Auch viele Glaubensgenossen erwarteten von ihm den Gegenangriff. Er führte ihn in den 22 Büchern »Vom Gottesstaat«, an denen er von 413 bis 427 arbeitete. Schon vorher skizzierte er seine geistliche Marschroute in Predigten, die er in Hippo und Karthago hielt, wo verängstigte Flüchtlinge aus dem Norden Zuflucht gesucht hatten.

In den ersten zehn Büchern seines größten Werkes wies er nach, dass der Christengott Rom geschützt hatte, gegen die heidnischen Götter – weil er das Imperium für seinen Weltplan brauchte. Augustinus entwarf eine christliche Geschichtsphilosophie, nach der jede historische Entwicklung eine Offenbarung göttlichen Willens ist. Am Ende der Weltgeschichte steht danach das Jüngste Gericht, mit dem die Zeit endet und in dem jeder seinen Platz entweder bei Gott oder in der Hölle zugewiesen bekommt. Dieses Geschichtsgebäude war so eindrucksvoll, dass sich kommende Jahrhunderte darin einrichten konnten.

Sein Strom frommer Publikationen versiegte daneben nicht. Ebenso wenig vernachlässigte er seine Pflichten als Seelsorger, bei dem die Besucher Schlange standen, als Prediger in Hippos und Karthagos Kirchen, als Abt seines Klosters und als Wortführer auf den nordafrikanischen Konzilien.

Wurde er mit Missständen konfrontiert, stürzte er sich in den Kampf: gegen Folter und Todesstrafe, gegen Sklavenjäger und Menschenschinder, selbst wenn sich ein Bischof schuldig gemacht hatte. Er intervenierte bei hohen Beamten, in der Hoffnung, mit seinem guten Namen werde es ihm gelingen, wenigstens in Einzelfällen das Elend in der Welt zu lindern, allen Rückschlägen zum Trotz. Er schonte sich nicht, obwohl der Raubbau an seiner Gesundheit ihn immer wieder für Tage lähmte. Klugerweise sorgte er 426 für einen Nachfolger auf dem Bischofsstuhl.

Drei Jahre später traf in Hippo eine Schreckensbotschaft ein: 80 000 Vandalen hatten die Meerenge von Gibraltar überquert. Plündernd und mordend wälzte sich der Heereszug die Küste entlang nach Osten. Im Juni 430 erreichte er Hippo, hinter dessen Mauern sich Flüchtlinge und geschlagene römische Soldaten drängten.

Verzweifelt richteten sich viele Augen auf Augustinus. Er half, wo er konnte. Aber für den 76-Jährigen war die Anstrengung zu groß. Nach zwei Monaten brach er zusammen. Als er, bis zuletzt bei klarem Verstand, sein Ende nahen spürte, ließ er seinem

Bett gegenüber die Bußpsalmen an die Wand heften und betete immer wieder. »Aus den Tiefen rufe ich, Herr, zu dir, Herr, höre auf meine Stimme!«

Augustinus starb am 28. August 430 im Kreis seiner Mitbrüder. Unter den Trauernden war Possidius, ein Bischof und früheres Klostermitglied, der vor den Barbaren geflohen war. Er schrieb wenige Jahre später die Biografie seines Freundes. Als sich die Vandalen 431 vor einem römischen Entsatzheer zurückzogen, waren Hippos Christen überzeugt, Augustinus habe im Himmel ein gutes Wort für sie eingelegt und Gott habe seine Bitte erhört.

434 wurde Hippo doch Opfer der Vandalen. Die flüchtenden Christen überführten den Sarg mit ihrem berühmtesten Mitbürger nach Sardinien. Auch seine Bibliothek nahmen sie mit. Die letzte Ruhestätte fand der Tote im 8. Jahrhundert in Pavia.

Bis heute hält die Wirkung seiner Schriften an. Nie war sie folgenreicher als im Jahr 1517, nachdem der Apostel Paulus und dessen Interpret Augustinus den Augustinermönch Martin Luther endgültig von Gottes unverdienter Gnadenfülle überzeugt hatten. In der 37. These seines Klosterbruders Martinus hätte sich Augustinus wohl wiedererkannt: »Jeder wahre Christ, ob lebendig oder tot, hat an allen Gütern Christi und der Kirche teil, die ihm Gott geschenkt hat, auch ohne Ablassbrief.«

Gut 100 Orden lebten im Lauf der Jahrhunderte nach Augustinus' Klosterregel. Derzeit gibt es 5 Männer- und 13 Frauenorden, die sich nach ihm benennen. 13 Augustinus-Institute beschäftigen sich mit seinem Werk und publizieren ihre Erkenntnisse in ebenso

Klaus Rosen war bis zu seiner Emeritierung Professor für Alte Geschichte an der Universität Bonn. 2015 veröffentlichte er die Biografie »Augustinus. Genie und Heiliger« (2. Auflage 2017, Verlag Philipp von Zabern, Darmstadt).

vielen Zeitschriften, die seinen Namen im Titel führen. Eine neue zweisprachige Ausgabe seiner Schriften soll am Ende 130 Bände umfassen. Und nicht zu zählen sind die Kirchen, deren Patron er ist. Keine andere Persönlichkeit der Antike, weder Alexander der Große noch Caesar, weder Augustus noch Konstantin der Große, ist so lebendig geblieben wie Augustinus.

Sehnsucht nach Vollkommenheit

Der Auferstehungsglaube sprach in der Frühzeit vor allem auch Frauen an. Die römische Aristokratin Melania die Ältere wurde zum Vorbild weiblicher Askese – in der katholischen und orthodoxen Kirche wird sie bis heute als Heilige verehrt.

Von Judith Rosen

Schön war sie und steinreich. Die Senatorentochter Melania, um 340 geboren, wuchs in Rom auf. Ihre Welt war die Welt der ehrwürdigen Paläste, der aristokratischen Traditionen und eines Lebensstils, von dessen Luxus die meisten Zeitgenossen nur träumen konnten. Die Enkelin eines Konsuls erfüllte die Erwartungen ihrer angesehenen Familie, heiratete jung und standesgemäß. Doch das Schicksal traf sie hart. Nach dem frühen Tod ihres Ehemanns und zweier ihrer Söhne änderte die hochgebildete Aristokratin ihr Leben radikal und verschrieb sich der Askese, die damals als Ideal christlichen Lebens galt.

Ihren dritten Sohn, den achtjährigen Publicola, stellte die gerade zwanzigjährige Witwe unter Vormundschaft, übertrug ihm den römischen Besitz und machte sich auf den Weg der vollkommenen Christus-Nachfolge.

Mit gleichgesinnten Frauen und Sklaven – so viel Bequemlichkeit musste sein – segelte sie nach Ägypten, das als Pflanzstätte des Mönchtums galt. Einige Zeit lebte Melania unter Eremiten in der Wüste. Um 378 ließ sich die fromme Dame in Jerusalem nieder und gründete auf dem Ölberg ein Kloster für 60 Frauen, das sie bis zu ihrem Tod leitete.

Unterstützt wurde die Liebhaberin theologischer Schriften von ihrem geistlichen Wegbegleiter, dem Kirchenschriftsteller Rufinus von Aquileia. Ihr Bewunderer Palladius, Mönch und Bischof von Helenopolis (dem heutigen Hersek nahe Istanbul) in Kleinasien, setzte ihr in seiner »Historia Lausiaca« ein literarisches Denkmal: »Denn in den 37 Jahren, da sie als Fremde in der Welt lebte, half sie aus eigenen Mitteln Kirchen, Klöstern, Fremden und Gefängnissen, wobei ihre Verwandten, ihr Sohn und die Verwalter das Geld beschafften.« Einen düsteren Umstand, der das ideale Bild hätte trüben können, verschwieg der Biograf: den erbitterten Theologenstreit zwischen Rufinus und dem Kirchenvater Hieronymus, der inzwischen in Betlehem lebte. Er hatte dort zusammen mit seiner geistlichen Freundin Paula ein Doppelkloster gegründet. Wie Melania stammte auch diese Asketin aus der römischen Hocharistokratie.

Wenige Jahre vor ihrem Tod erfuhr Melania, ihre gleichnamige Enkelin wolle ihr nacheifern, doch behindere die römische Familie den Plan. Die Großmutter reiste nach Rom. Auf dem Weg traf sie ihren Verwandten Paulinus. Der künftige Bischof von Nola war von ihrer Ausstrahlung so beeindruckt, dass er ihre Tugenden mit denen des heiligen Mönchsbischofs Martin von Tours verglich.

In Rom bekehrte Melania fast ihre gesamte Familie zur Askese. Nur ihr Sohn verschloss sich – wie auch die meisten Standesgenossen: »Wegen ihres Verhaltens hatte sie gegen alle Senatoren und ihre Gattinnen einen Kampf wie gegen wilde Tiere zu kämpfen«, stellte Palladius später fest, »versuchten diese doch ihr Bemühen zu durchkreuzen, dass weitere Familien der Welt entsagten.«

Die Greisin ließ sich nicht einschüchtern. »Was verweilt ihr so gern bei den Eitelkeiten dieses Lebens?«, wetterte sie. »Könnten doch die Tage des Antichrists euch treffen, und ihr wärt nicht mehr in der Lage, euren Reichtum und die von den Vorfahren stammenden Güter zu genießen.« Die Prophetin sollte recht behalten: 410 ließ der Westgotenherrscher Alarich Rom plündern.

Gebete für den Kaiser

Im 4. Jahrhundert gelang dem Christentum ein entscheidender Schritt: Aus der Untergrund-Religion wurde der offizielle Kult des römischen Imperiums.

Von Klaus Rosen

Der 1. April 311 war in der Geschichte des Christentums ein tiefer Einschnitt: Kaiser Galerius musste erkennen, dass die schwere Verfolgung der Christen gescheitert war, die sein Vorgänger Diokletian 303 eröffnet hatte. Allen blutigen und unblutigen Maßnahmen zum Trotz wuchs die junge Religion immer weiter.

An jenem Tag erließ Galerius daher ein Toleranzedikt, das der Kirchenlehrer Lactantius überliefert hat: Der Kaiser gab den Christen ihre konfiszierten Gotteshäuser zurück, und ihre Gemeinden erhielten wie andere religiöse und berufliche Vereine einen rechtlichen Status. Als Gegenleistung verlangte Galerius, die Christen sollten »in Zukunft zu ihrem Gott für unser Heil beten, für das Heil des Staates und für ihr eigenes Heil, damit der Staat nach allen Seiten gewahrt bleibt und sie an ihren Wohnsitzen sicher leben können«.

Kaiser Konstantin der Große fuhr hier fort, nachdem er am 28. Oktober 312 in der Schlacht an der Milvischen Brücke vor Rom die Herrschaft über die Westhälfte des Römischen Reiches gewonnen hatte. Seinen Sieg schrieben er und die Christen der Erscheinung eines Kreuzes am Mittagshimmel zu, das von den Worten »In diesem Zeichen siege« umrahmt wurde.

Der Sieger näherte sich daraufhin persönlich dem Christentum. Als selbst ernannter »Bischof des Äußeren« lud er die Bischöfe in dieser

Eigenschaft zu einem Konzil in Nicäa ein, das die Lehre des Arius als irrig verurteilte. Im »Nicaenischen Glaubensbekenntnis« betete die Kirche fortan, Jesus Christus sei »gleichen Wesens« mit Gottvater und dem Heiligen Geist, während Arius ihm nur ein »ähnliches Wesen« zubilligte. Mit mehreren Gesetzen wie dem zur Sonntagsheiligung stärkte Konstantin die Stellung der katholischen Kirche, konnte aber den Graben zwischen ihr und den Arianern nicht überwinden.

Sein Sohn Constantius II. (337 bis 361) wurde sogar Arianer und billigte die Verfolgung katholischer Wortführer. Konstantins Neffe Julian, 361 Alleinherrscher des Reiches geworden, wollte dann die Anerkennung des Christentums rückgängig machen. Das verhinderte aber der frühe Tod des »Abtrünnigen«, der 363 auf einem Feldzug gegen Persien fiel.

Heidnische Kaiser gab es fortan nicht mehr. Der Katholik Valentinian I., Kaiser im Westen des Reiches (364 bis 375), war tolerant und befürwortete ein friedliches Nebeneinander zwischen den christlichen Konfessionen und den Verehrern der alten Götter. Nur wenn es zu Konflikten kam, griff er ein. Valens dagegen, sein Bruder und Herrscher im Osten (364 bis 378), war Arianer und ging gegen missliebige Anhänger des Nicaenums vor.

Erst Theodosius I. (379 bis 395) traf die entscheidenden Maßnahmen gegen Heiden und Häretiker und verschaffte so der katholischen Kirche endgültig den Vorrang, den sie nie mehr verlieren sollte.

Doch der Aufstieg des Christentums zur Staatsreligion war nicht unumstritten: Schon seit Konstantin mahnten manche, die Verbindung zwischen Kirche und Staat, zwischen Herrschern und Bischöfen führe ins Verhängnis. »Hofbischöfe« beeinflussten die Kaiser und fanden zu viel Geschmack an den Verlockungen der Residenzstädte. Die Kritiker plädierten für eine Rückkehr zum Urchristentum – eine Forderung, die durch die Jahrhunderte hindurch immer wieder aufkam. Doch das Rad der Geschichte ließ sich nicht mehr zurückdrehen.

Askese im eisernen Hemd

Als frommes Außenseitertum begann es – doch rasch entwickelte sich das Mönchtum zu einem der Grundmodelle christlichen Lebens im Abendland. Mit vorbildhaftem Leben, Mission und Bildung warben die Ordensleute für ihren Glauben.

Von Cord Aschenbrenner

Zwölf Kilometer vor der Südwestküste Irlands ragen zwei Felsen aus dem Atlantik. Der größere der beiden, Skellig Michael (»Michaels Felsen«), ist knapp 220 Meter hoch. An klaren Tagen hat man von hier einen wunderbaren Blick auf die Weite des Atlantiks und auf die Felsformationen der irischen Küste.

Wenn aber aus Nordwesten tagelang schwere Stürme heranrasen und sich nicht einmal die Seevögel in die Luft wagen, kann man sich nicht vorstellen, dass hier einmal Menschen gelebt haben. Doch so war es. Ein paar bienenkorbförmige Hütten aus Stein unterhalb des Nordgipfels der Insel sind der Beweis, genau wie sechshundert zum Teil in den Fels gehauene Stufen, die hinab zu einer kleinen Bucht führen.

Es sollen zwölf Mönche gewesen sein, entsprechend der Zahl der Jünger Jesu, und ihr Abt, die sich hier, an einem der menschenfeindlichsten Orte Westeuropas, im 6. oder 7. Jahrhundert ansiedelten. Die aus unbehauenen Steinen zusammengefügten Hütten dienten den Männern als Schlafzellen; ein verwittertes steinernes Kreuz ragt auf, es gibt eine Kapelle, einen kleinen Friedhof mit schiefen Grabkreuzen darauf und eine Zisterne.

Und als wäre das Leben in der kleinen Klosteranlage nicht schon entbehrungsreich genug gewesen, lag am schwer zu erreichenden Südgipfel von Skellig Michael, dort, wo die Insel am höchsten ist, auch noch eine kleine Einsiedelei, die wohl seit dem 9. Jahrhundert von Eremiten bewohnt wurde – Männern, die glaubten, Gott am besten fern menschlicher Gesellschaft dienen zu können.

Das nach dem Erzengel Michael benannte winzige Eiland vereinte für einige Hundert Jahre – bis die Insel zu Beginn des 13. Jahrhunderts verlassen wurde – die beiden Arten des Mönchslebens: allein und in Gemeinschaft. Das kleine Kloster und die Einsiedelei auf der Insel sind nur ein Beispiel für die zahlreichen Formen mönchischen Lebens, die seit der Spätantike entstanden sind. Mönche wurden zu einem Beispiel für besonders vorbildhaftes christliches Leben. Und im Mittelalter entwickelten sich die Klöster zu den wichtigsten Keimzellen für Bildung und Kultur und trugen damit entscheidend zur Verbreitung christlichen Denkens bei.

Als die frommen Männer auf Skellig Michael ihre Behausungen errichteten, blickte das Mönchtum bereits auf mehrere Jahrhunderte Geschichte zurück. Seine Anfänge liegen dort, wo auch das Christentum entstand: im Vorderen Orient. Hier, etwa in den Wüsten und Einöden Ägyptens, lebten im 3. nachchristlichen Jahrhundert Männer, die ganz bewusst von ihren Familien und überhaupt vor allen Bindungen und menschlichen Gemeinschaften in die Einsamkeit geflohen waren.

Nicht aus Menschenfeindlichkeit oder weil es ihnen in den Städten zu unruhig war, zogen diese ersten Mönche, die man Anachoreten nannte – griechisch »anachoreín« bedeutet »sich zurückziehen« –, in die Unwirtlichkeit der Sand- und Steinwüsten, sondern weil sie durch Verzicht und Enthaltsamkeit das wahre, das ewige Leben zu gewinnen hofften. In der Einsamkeit (griechisch: eremía) versuchten sie, dem Vorbild Jesu zu folgen, indem sie die Askese als Lebensform wählten.

Das aus dem Griechischen abgeleitete Wort »Askese« bedeutet Übung oder Einübung und war ursprünglich nur auf handwerkliche Fertigkeiten oder auch auf sportliche Leistungen bezogen; philosophische Schulen der Antike hatten den Begriff jedoch auch benutzt, um das Ideal eines vollkommenen Menschen zu umschreiben: geprägt durch Verzicht und durch bestimmte geistige und körperliche Übungen.

Aus einer dieser Schulen stammt der Satz: »Der Leib ist das Grab der Seele.« Auch der griechische Philosoph Platon spricht vom Gefängnis des Leibes, in dem die Seele eingesperrt sei. Durch Platons Lehre zieht sich ein Dualismus zwischen der vergänglichen materiellen Welt, in welcher der menschliche Leib seinen Platz hat, und der unvergänglichen Welt der Ideen, in der die Seele ihre Heimat findet.

Auch in der Philosophie der Stoa wie in der kynischen Philosophie spielte die Askese eine wichtige Rolle. Die Stoiker wollten ihre Triebe beherrschen, sogar frei von ihnen werden – um ihre innere Freiheit zu finden. Ihre asketischen Forderungen gingen weit: wenig Essen, Bedürfnislosigkeit bei Kleidung, Wohnung und Besitz, Ertragen von Kälte und Hitze, Hinnahme des Beschwerlichen, Verzicht auf die Ehe.

Der römische Philosoph Seneca, eine Hauptfigur stoischen Denkens, schrieb anerkennend: »Einige haben es fertiggebracht, dass sie überhaupt nicht lachen; andere haben sich des Weines, andere der geschlechtlichen Liebe, andere des Trinkens ganz enthalten; ein anderer hat sich mit kurzem Schlaf begnügt und sich unermüdlich gemacht.«

Auch die Kyniker strebten das Ideal der Bedürfnislosigkeit an. Mühe und Plage zeichneten ein gelingendes Leben aus, konventionellen Lebensformen begegneten die Kyniker mit Gleichgültigkeit, fast überheblich. Großes Vorbild im Kynismus, der im 2. Jahrhundert nach Christus wieder in Mode war, war der in einem Fass lebende Diogenes von Sinope.

Weder die Stoa noch der Kynismus verschwanden mit dem Aufkommen des Christentums, vielmehr konkurrierten sie und befruchteten einander in der Spätantike. Die Christen sahen ihre Religion als einzig wahre und wollten hinter den Askeseforderungen der Heiden nicht zurückstehen. Minucius Felix, ein kirchlicher Schriftsteller des 3. Jahrhunderts, schrieb spöttisch: »Man könnte meinen, die Christen seien die Philosophen von heute oder die Philosophen seien schon damals Christen gewesen.«

Einer der Ersten, die die christliche Askese theoretisch begründeten, war Origenes, ein Christ aus Alexandrien, der selbst asketisch lebte und als einer der Vorläufer des Mönchtums gilt. Das Wort »Mönch« kommt wieder aus dem Griechischen: »monachós« ist der allein, »einzigartig« Lebende. Origenes, der um das Jahr 254 starb, setzte sich mit dem »Einzigartigleben«, dem »Zurückziehen« in die Einsamkeit in seinen Schriften auseinander; selbst tat er den Schritt nicht. Aber es dauerte nur wenige Jahre, bis die ersten Mönche in die Wüste zogen.

Das Vorbild aller Einsiedler der folgenden Jahrhunderte war der aus Ägypten stammende Antonius, später der heilige Antonius. Er gilt als Vater der Mönche, sein Leben diente Generationen von Nachfolgern als Modell mönchischen Daseins. Das lag vor allem an der Lebensbeschreibung, die der Patriarch von

Alexandria, Bischof Athanasius, verfasst hatte; sie machte Antonius zu einem Mythos der Spätantike.

Antonius war ein Aussteiger, der verschenkte, was ihn an die Gesellschaft band – vor allem seinen Grundbesitz –, seine Familie verließ und in eine Gegenwelt übersiedelte: erst in eine Grabkammer nahe seinem Heimatdorf, dann für zwei Jahrzehnte in ein verlassenes Kastell am Rande der Wüste, später dann ganz in die Einöde. In der Abgeschiedenheit beschäftigte er sich mit Beten, Lesen in heiligen Schriften und mit körperlicher Arbeit wie Korbflechterei – der Eremit musste von seiner Hände Arbeit leben.

Von Menschen blieb der Mönch in seiner Zurückgezogenheit weitgehend verschont; dafür peinigten ihn, wie Athanasius berichtet, der Teufel und Scharen von Dämonen. Aber der Einsiedler widerstand ihnen, so sein Biograf, durch Wachen, Fasten und allerlei Listen. Als Antonius nach zwei Jahrzehnten das Kastell verließ, trat er, schreibt Athanasius, »wie aus einem Heiligtum hervor, eingeweiht in tiefe Geheimnisse und als ein von Gott Erfüllter«.

Athanasius verfasste die Vita des Antonius kurz nach dessen Tod im Jahr 356, der ihn im sagenhaften Alter von 105 Jahren ereilte. Das Buch wurde zu einem Bestseller der Antike, der aus dem Griechischen rasch ins Lateinische übersetzt wurde, bald auch in andere Sprachen des Mittelmeerraumes wie Koptisch und Syrisch und noch weit darüber hinaus. Der Bischof wollte mit seiner Lebensbeschreibung des großen Mannes zur Nachahmung anregen, was ihm auch gelang. Die Begeisterung für das Mönchsleben in der Wüsteneinsamkeit verbreitete sich rasch aus dem Orient bis in den lateinischen Westen des Römischen Reiches.

Auch in der Kunstgeschichte taucht der Heilige immer wieder auf, eine der berühmtesten Darstellungen findet sich auf einem der Flügel des Isenheimer Altars aus dem frühen 16. Jahrhundert. Hinter Antonius lauert dort, halb verdeckt durch ein Butzenfenster, ein teufelartiges Ungeheuer: einer der legendären Dämonen.

Fast gleichzeitig mit Antonius und den anderen christlichen Einsiedlern in Ägypten entwickelte sich dort eine weitere Spielart des Mönchtums; sie sollte die bis heute folgenreichste werden. Pachomius, ebenfalls ein Eremit, sammelte um das Jahr 325 Gleichgesinnte um sich, denen mehr Gemeinsamkeit wichtig war, und schwor sie auf eine asketische Lebensform unter seiner Führung ein.

»Gemeinsames Leben« (koinós bíos) lautete die Devise dieser Männer, die man daher Koinobiten (latinisiert: Zönobiten) nannte. Einen Ort für das gemeinsame Leben fand Pachomius in dem verlassenen ägyptischen Dorf Tabennese; dort gründete er das erste christliche Kloster.

Für die Menschen in der Umgebung gab es einen erkennbaren Unterschied zwischen dem Leben in der Mönchsgemeinschaft und dem der Einsiedlermönche: Die Koinobiten waren durch eine Mauer von der Außenwelt getrennt, Zugang gab es nur durch eine Pforte. Und anders als die Eremiten lebten die Mitbrüder des Pachomius in Häusern. Sie arbeiteten – wie spätere Mönche auch – als Gärtner, Bäcker oder Weber; was sie herstellten, verkauften sie, um das Kloster erhalten zu können. Oder sie gaben die Einnahmen als Almosen weiter.

Das gemeinsame Wirtschaften wie überhaupt die Gemeinschaft entsprach dem Ideal der Jerusalemer Urgemeinde, die Pachomius vor Augen hatte: Die Mönche sollten ein Herz und eine Seele sein, das wenige, was sie brauchten, miteinander teilen. Nicht zuletzt war dem Klostergründer auch klar, dass nicht jeder sich zum Eremiten eignete; vielfach führten die Einsiedler ein in jeder Hinsicht kümmerliches Leben. So waren die Pachomius-Klöster – schon bald folgten dem ersten weitere – auch ein Schutzraum für Asketen, in dem diese zwar getrennt von der Welt, aber nicht mehr auf sich allein gestellt ihren Gebeten und Übungen nachgehen konnten.

Oft lebten mehrere Hundert Mönche in den Klöstern, die den Regeln des Pachomius folgten; diese schriftlichen Gebote legten nun genau fest, wie das Leben der Mönche auszusehen hatte: Pachomius ordnete einen genau begrenzten Wohnraum der Mönche an; eine einheitliche Lebensweise bezogen auf Ernährung, Kleidung und Arbeit; gemeinsamen Gottesdienst selbstverständlich und nicht zuletzt die Unterordnung unter die Autorität eines Abtes, des Klosteroberen. Letztlich ging es jedoch immer darum, christlich, das heißt dem Evangelium gemäß, zu leben. Die Bibel war die Norm, nach der sich die Mönche richten sollten.

Dieses Modell war so anziehend, dass scharenweise Novizen in die Klöster strömten. Nicht nur Männer. Auch Frauen lebten in – natürlich eigenen – Gemeinschaften, die sich zum Ideal der Besitz- und Ehelosigkeit, zu Gebet, Schweigen, Demut und Gehorsam gegenüber einer Oberen bekannten.

Doch die Klöster des Pachomius wurden in ihrer Gesamtheit reich und mächtig, was der ursprünglichen Idee, in Armut nach dem Evangelium zu leben, nicht gut bekam. Beides, Reichtum und Macht, waren, wie ein Historiker es formuliert hat, die »unheimlichsten Totengräber« des christlichen Mönchtums; auch später würde noch mancher Orden diese Entwicklung durchlaufen. Zum Ende des 4. Jahrhunderts war die kurze Blütezeit der Klöster ihres Gründervaters Pachomius schon wieder zu Ende.

Währenddessen blühte das Mönchtum in anderen Regionen rund um das Mittelmeer und in unterschiedlichen Formen auf;

im 4. Jahrhundert war das Christentum im Römischen Reich zur privilegierten, schließlich zur Staatsreligion geworden. Einmal selbst einem Eremiten begegnet zu sein, gehörte nun zum festen Bestandteil der frühchristlichen Frömmigkeit; Damen der römischen Aristokratie pilgerten in die ägyptische Wüste, um fromme Einsiedler selbst in Augenschein nehmen zu können.

Ungefähr zur selben Zeit wie in Ägypten entfalteten sich mönchische Lebensformen in Palästina und in Syrien und drangen bis nach Mesopotamien vor. In Palästina entstand die Form der »Laura« (griechisch für »enge Gasse, Hohlweg«) als ein besonderer Typus des Klosters. Auch hier stand ein Abt (das Wort stammt vom aramäischen »abba«, »Vater«, ab) einer Gruppe von Mönchen vor, die als Anachoreten jeweils für sich an den Hängen eines engen Tals in Zellen und Höhlen lebten.

Immer sonntags trafen sich die Mönche und ihr Abt zum gemeinsamen Gebet und zur Eucharistiefeier. Der Abt einer solchen Gemeinschaft war mehr als der Organisator eines mehr oder weniger losen Zusammenlebens; er war der geistliche Vater der Mönche, derjenige, der ihre Seelen hütete und sie durch ihr spirituelles Leben lotste.

Askese war auch in solchen Klöstern selbstverständlich; auch von Außenstehenden wurden die Verzichts- und Demutsleistungen der Mönche beifällig aufgenommen, als handele es sich um sportliche Höchstleistungen.

Berichtet wird von einem Mönch in Palästina, dem als Behausung eine kleine Hütte diente, die aus Schutt, Töpferscherben und ein paar Ziegeln errichtet war, und zwar so, dass er nur gebückt darin stehen konnte. Im Liegen musste er die Füße anziehen. Barsauma, ein anderer Mönch, trieb den Kult der Askese noch weiter, indem er eine eiserne Tunika trug, die ihn im Winter frieren ließ, im Sommer hingegen röstete. Wie der Historiker

Manfred Clauss schildert, aß Barsauma nach alttestamentlichen Vorbildern nur Früchte, die ohne menschliches Zutun wuchsen. Er soll nie gesessen und im Stehen geschlafen haben.

Besonders streng war die Askese der Mönche in Syrien. Dort herrschte geradezu eine religiöse Leistungssucht. So verbrachten »Styliten« (Säulensteher) ihr Leben auf einer Säule, ohne Schutz Wind und Wetter ausgesetzt, stehend oder auf den Knien betend. Der erste und berühmteste war Symeon Stylites, der 30 Jahre lang auf einer 20 Meter hohen Säule verharrt haben soll, bestaunt von unzähligen Pilgern, zu denen er zweimal am Tag predigte. Nicht wenige seiner Zuhörer soll er erst zum Christentum bekehrt haben.

Diese extravagante Art der Askese blieb allerdings fast ausschließlich auf die östlichen Kirchen und das Oströmische, das Byzantinische Reich beschränkt. Sie war jedoch eher eine Randerscheinung. Viel wichtiger wurden auch in Byzanz die Klöster. Die ersten entstanden in Kleinasien, wo Bischof Basilius von Caesarea mit seinen Mönchsregeln prägend wurde; später dann, Anfang des 9. Jahrhunderts, bildeten sich Gemeinschaften auf dem vom Meer umgebenen Berg Athos im nördlichen Griechenland und darüber hinaus, die bis zum heutigen Tag bestehen.

In der orthodoxen Kirche wurde Basilius, der den Beinamen »der Große« erhielt, zum Gründervater des Mönchtums. Für die lateinisch geprägte Kirche des Abendlandes übernahm diese Rolle im 6. Jahrhundert Benedikt von Nursia mit seiner Regel. Er baute auf verschiedenen Grundlagen auf, vor allem aber auf den Traditionen von Augustinus von Hippo und Johannes Cassianus.

Augustinus (siehe Seite 54) gründete zunächst an seinem nordafrikanischen Geburtsort Thagaste ein Kloster, später wurde er Priester, dann Bischof; als solcher gründete er ein weiteres Kloster – und zwar für Kleriker. Auch als Bischof der Stadt Hippo

Regius wollte er nämlich sein mönchisches Leben fortsetzen und sammelte andere Geistliche um sich, die mit ihm in Askese hinter Klostermauern leben wollten.

Damit war neben dem Asketentum und dem Klosterleben eine dritte Form des Mönchtums entstanden. Nun wurde auch von Priestern das mönchische Ideal eingefordert: unverheiratet, arm und gehorsam gegenüber ihrem Oberen. Weitere Männer-, aber auch Frauenklöster folgten bald. In der Westkirche führte Augustinus als Erster Regeln für das Leben der Mönche ein. Durch seine Lebensbeichte, die »Confessiones«, förderte Augustinus die Wertschätzung des Mönchtums im Abendland maßgeblich.

In Georg Schwaigers Lexikon der Mönchsgeschichte finden sich Details: Nördlich des Mittelmeers gewann das Mönchtum im 5. Jahrhundert an Boden; in Italien etwa förderte die römische Aristokratie Klosterneugründungen. Allerdings waren es hier eher Nonnen und Mönche aus dem Volk, die in die Klöster gingen und so Zugang zu einem gehobeneren sozialen Milieu gewannen.

Einen gewissen Schutz boten Klöster in dieser Zeit der Völkerwanderung auch. Besonders im Südosten Galliens blühte das Mönchtum regelrecht auf. Von dem Kloster auf der Insel Lerinum (Lérins) vor Cannes gingen zahlreiche Neugründungen aus; viele spätere Bischöfe übten sich dort zunächst als Eremiten. Für etwa hundert Jahre war das Inselkloster besonders beliebt bei Angehörigen der gallischen Oberschicht.

Lerinum wie überhaupt das ganze weiter westlich entstehende Mönchtum an der Rhône waren wichtig für die weitere Organisation des Klosterlebens, zum Beispiel für das Prinzip der »stabilitas loci«, der Ortsgebundenheit, also der dauerhaften Bindung einer Nonne oder eines Mönchs an ein Kloster, die auch Teil der benediktinischen Regel werden sollte.

In den sogenannten Juraklöstern im Königreich Burgund nördlich des Genfer Sees wurde im 5. Jahrhundert eine für das Klosterleben wichtige Neuerung eingeführt: ein gemeinsamer Schlafraum, das Dormitorium, anstelle einzelner Zellen für die Mönche. Zwischen den Betten Jüngerer sollte das Bett eines älteren Mönches stehen, so sah es später die Benediktsregel vor.

Weitere Vorbilder für das abendländische Mönchtum lieferte Marseille, wo um das Jahr 415 der Mönch und Priester Johannes Cassianus ein Kloster für Männer und eines für Frauen gegründet hatte. Er begleitete sein Werk mit einer detaillierten Schrift »Über die Einrichtung der Klöster und die acht hauptsächlichen Fehler«, die große Vorbildwirkung hatte. »So soll das Kleid des Mönches sein«, heißt es da etwa. »Es soll den Körper nur bedecken, beschämende Nacktheit verhindern und grimmige Kälte abhalten. Die Keime der Eitelkeit und Überheblichkeit soll es nicht nähren.«

In seinen »Unterredungen mit den Vätern« gab Cassian die Prinzipien und Weisheiten von Gestalten wie Antonius und Pachomius weiter, deren Wirkung er in Ägypten persönlich kennengelernt hatte. Von dort kam auch die Tradition des Stundengebets, die Cassianus für die Ordensgemeinschaften des Abendlandes begründete: das Morgen- und Abendgebet, bei dem ein Lektor je zwölf Psalmen las; nach jedem Psalm beteten die Mönche still für sich.

In den beiden folgenden Jahrhunderten nahm das westliche Mönchtum dann die Gestalt an, die weit über das frühe Mittelalter hinaus bis in die Neuzeit bestimmend sein sollte. Ein Ire und ein Italiener waren dafür maßgeblich.

Irland, als eines der ersten Länder nördlich der Alpen bereits im 5. Jahrhundert christianisiert, hatte ein stark durch Mönche und Klöster geprägtes Kirchenwesen entwickelt. Die irischen

Mönche, die ihre Klöster bald auch in Schottland und England errichteten, waren besonders asketisch, ihr Tageslauf war streng durch Gebete eingeteilt, ihr Drang nach religiöser Leistung hätte orientalische Mitbrüder beeindrucken können. Aber ihre Klöster waren zugleich Zentren des geistigen Lebens, in denen vom 6. bis zum 12. Jahrhundert Gelehrsamkeit und Künste gepflegt wurden und wo kostbare Handschriften wie das legendäre »Book of Kells« entstanden, vermutlich im Kloster Iona vor der schottischen Westküste.

Auf abgelegene Inseln wie Skellig Michael, aber auch aufs europäische Festland setzten die irischen Mönche über – die Wanderschaft um der Liebe Christi willen war Teil ihres Ideals; schon weil es sich kaum vermeiden ließ, waren sie dabei auch missionarisch tätig. Am bekanntesten wurde Columban der Jüngere, der 615 als Abt des Klosters Bobbio bei Piacenza starb. Er war 590 mit zwölf irischen Mönchen ins Frankenreich gekommen. Die Männer hatten den gefährlichen Weg durch das oft nur dünn besiedelte Land gewagt. Westlich der Vogesen gründete Columban drei Klöster. Als Abt des einen, Luxeuil, verfasste Columban um 595 seine eigene »Regel für Mönche«.

Die Äbte der gallischen und der italienischen Klöster hatten bei der Aufstellung ihrer Grundsätze reichlich Auswahl; oft mischten sie ihre Ordnung nach Gefallen und Bedarf mit Teilen anderer Regeln sowie Auszügen aus asketischen Schriften. Rund 30 Regelwerke entstanden in den Jahren von 400 bis 700. Weil sie miteinander kombiniert wurden, nennt man diese Periode die der »Mischregel«. Entsprechend war auch das Mönchtum nicht aus einem Guss. Für alle Mönche und Nonnen gleichermaßen aber galt der Satz eines Schülers von Augustinus: dass sie sich auf das Werk des Glaubens beschränkten, auf die Tätigkeit in der Welt aber verzichteten.

Zur alles überdauernden Regel aus dem Frühmittelalter wurde jene des später heiliggesprochenen italienischen Mönchs Benedikt. Der in Nursia in Umbrien geborene Sohn einer begüterten Familie lebte zunächst als Einsiedler, dann gründete er mehrere Klöster, darunter das bis heute berühmte am Monte Cassino. In seiner Regel verband er zwei ältere Regeln – die des Augustin und die sogenannte Magisterregel – miteinander.

Gelebt hat Benedikt wohl von etwa 480 bis 547. Allerdings gibt es Historiker, darunter den deutschen Mediävisten Johannes Fried, die bezweifeln, dass Benedikt wirklich existierte. Die Überlieferungsgeschichte der »Regula Benedicti« lässt sich jedenfalls erst nach 600 klar verfolgen. Auch das Leben des Abtes von Monte Cassino, beschrieben von Papst Gregor I., wurde erst im 7. Jahrhundert in Europa bekannt.

Gregor schrieb in seinen »Dialogen«: »Inmitten der vielen Wunder, durch die der Mann Gottes in der Welt glänzte, leuchtete er auch ganz besonders durch das Wort seiner Lehre hervor. Denn er hat eine Regel für Mönche verfasst, einzigartig in weiser Mäßigung, lichtvoll in der Darstellung. Wer sein Leben und seinen Wandel genauer kennenlernen will, der findet in den Vorschriften dieser Regel alles, was er als Lehrmeister vorgelebt hat.«

Weise und maßvoll, zumindest nach den Maßstäben der Zeit, dabei von großer Einfachheit – all dies hat dazu beigetragen, dass die Regel Benedikts sich durchsetzen konnte, etwa in den Klöstern Columbans bald nach dessen Tod 615 und damit in vielen Tochterklöstern Luxeuils im Frankenreich und im langobardischen Italien.

Die Autorität und das Ansehen Papst Gregors, der den Beinamen »der Große« trug, sorgten mit dafür, dass die Benediktsregel sich in England, dann auch auf dem Festland ausbreitete. Durch den Papst, der sie herausgehoben und gelobt hatte, galt sie als »römische« Regel.

Im 9. Jahrhundert wurde die Regula Benedicti schließlich verbindlich für alle Klöster des Fränkischen Reiches. Und noch etwas änderte sich: Aus Laiengemeinschaften, wie es ursprünglich auch die Benediktinerklöster gewesen waren – Benedikt war, wie andere Äbte auch, kein Priester –, wurden im 9. Jahrhundert Klerikergemeinschaften, deren Mitglieder nicht nur ein Gelübde ablegten, sondern die Priesterweihe erwarben.

In den Benediktinerklöstern erhielt bald gelehrte Bildung ihren Platz, sogar wenn sie wie das 744 von dem Missionar Bonifatius in »ungeheurer Weltabgeschiedenheit« gegründete Fulda fern der Zivilisation lagen. Bibliotheken und Skriptorien wurden eingerichtet, genauso wie – auf Anordnung Karls des Großen – Schulen. Im von Hunger, Seuchen und Kriegen geplagten Europa des 8. und 9. Jahrhunderts waren Bildung und kultureller Anspruch genau wie medizinische Versorgung und Krankenpflege fast nur in den Klöstern zu finden – weil Benedikts Regel dies als Aufgabe der Mönche vorgesehen hatte. Immer stand über allem das Lob Gottes. So sollte es für Jahrhunderte bleiben, gleich zu welchem der später immer zahlreicher werdenden Orden ein Kloster zählte.

»Aus dem Vater gezeugt«

Was sind die Kernsätze des christlichen Glaubens? Um ein verbindliches Glaubensbekenntnis rangen die Bischöfe lange und erbittert.

Von Johannes Saltzwedel

Sobald die frühen Christen – mitunter drohend – gefragt wurden, was sie glaubten, wurden verbindliche Formeln nötig. Paulus lieferte den Korinthern erste Merksätze: »Christus ist für unsere Sünden gestorben, gemäß der Schrift, und ist begraben worden. Er ist am dritten Tag auferweckt worden, gemäß der Schrift, und erschien dem Kephas, dann den Zwölf.« Bald reichte das nicht mehr. Um 340 gibt Marcellus, Bischof von Ankyra, folgenden Wortlaut an:

> »Ich glaube an Gott, den Allmächtigen; / Und an Jesus Christus, seinen einzigen Sohn, unseren Herrn, / der geboren wurde aus dem Heiligen Geist und der Jungfrau Maria, / der gekreuzigt wurde unter Pontius Pilatus und begraben wurde, / und am dritten Tag auferstand von den Toten, / der aufstieg in den Himmel, / und zur Rechten des Vaters sitzt, / von wo er kommen wird, die Lebenden und die Toten zu richten; / Und an den Heiligen Geist, / die heilige Kirche, / die Vergebung der Sünden, / des Fleisches Auferstehung / und das ewige Leben.«

Andere nannten Gott zusätzlich »den Vater«; sie fügten auch hinzu, Christus sei nach der Kreuzigung »in die Hölle hinabgestiegen«, und erweiterten die »heilige« zur »heiligen katholischen (das heißt

dem Anspruch nach allumfassenden) Kirche« samt »der Gemeinschaft der Heiligen«.
Auf dem Konzil von Nicaea schlug Bischof Eusebius von Caesarea 325 einen dem von Marcellus ähnlichen, leicht erweiterten Text vor. Doch die Kollegen bemängelten, dass sich seine Version nicht deutlich genug von der arianischen Lehre zur Person Christi distanziere. Schließlich verabschiedete man eine Fassung, in der Gottes Sohn, der Mensch wurde, »als Einziggeborener aus dem Vater gezeugt« heißt und dann nochmals »gezeugt, nicht geschaffen, eines Wesens mit dem Vater« genannt wird. Als dann noch Maria, die Taufe und einige andere Feinheiten hinzukamen, war 451 das bis heute übliche »Apostolische Bekenntnis« komplett. Sein Text lautet in neuer Übersetzung:

»Wir glauben an den einen Gott, / den Vater, den Allmächtigen, / der alles geschaffen hat, Himmel und Erde, / die sichtbare und die unsichtbare Welt.
Und an den einen Herrn Jesus Christus, / Gottes eingeborenen Sohn, / aus dem Vater geboren vor aller Zeit: / Gott von Gott, / Licht vom Licht, / wahrer Gott vom wahren Gott, / gezeugt, nicht geschaffen, / eines Wesens mit dem Vater; / durch ihn ist alles geschaffen. / Für uns Menschen und zu unserem Heil / ist er vom Himmel gekommen, / hat Fleisch angenommen / durch den Heiligen Geist von der Jungfrau Maria / und ist Mensch geworden. / Er wurde für uns gekreuzigt unter Pontius Pilatus, / hat gelitten und ist begraben worden, / ist am dritten Tage auferstanden nach der Schrift / und aufgefahren in den Himmel. / Er sitzt zur Rechten des Vaters / und wird wiederkommen in Herrlichkeit, / zu richten die Lebenden und die Toten; / seiner Herrschaft wird kein Ende sein.
Wir glauben an den Heiligen Geist, / der Herr ist und lebendig macht, / der aus dem Vater und dem Sohn hervorgeht, / der mit

dem Vater und dem Sohn angebetet und verherrlicht wird, / der gesprochen hat durch die Propheten, / und die eine, heilige, katholische und apostolische Kirche. / Wir bekennen die eine Taufe zur Vergebung der Sünden. / Wir erwarten die Auferstehung der Toten / und das Leben der kommenden Welt. / Amen.«

Selbst diese Fassung ist aber nicht durchgängig akzeptiert. Ostkirchen, Orthodoxe und Altkatholiken lassen den Heiligen Geist nur aus dem Vater hervorgehen; Protestanten sprechen nicht von der »katholischen«, sondern der »allgemeinen« Kirche. So spiegeln die Formeln bis heute den Abgrenzungsdrang der Konfessionen.

TEIL II

ZWISCHEN GLAUBE UND MACHT

Kaiser Otto III. als Weltenherrscher (Buchmalerei aus einem Pracht-Evangeliar, das um das Jahr 1000 auf der Insel Reichenau entstand)

»Erhebe dich, Rom!«

Mit kühnen Hoffnungen auf ein christliches Imperium begann der blutjunge Kaiser Otto III. seine Herrschaft. Er träumte davon, Papst- und Kaisertum zu verbinden. Seine Pläne scheiterten grausam.

Von Christoph Gunkel

Es war ein »denkwürdiger Triumphzug«, notierte Thangmar, Priester und Notar aus Hildesheim, beeindruckt. »Alle angesehenen Bürger« Tivolis seien, »nur mit einem Lendenschurz bekleidet«, zum Palast Ottos III. gepilgert, um sich dem Kaiser zu unterwerfen, ja ihm »das nackte Leben« anzubieten. Otto, Herrscher über das ostfränkisch-sächsische Reich, das man bald »deutsch« nennen würde, hatte einen Aufstand in der Stadt in der Nähe Roms siegreich beendet. Und wie es sich für einen christlichen Herrscher im Mittelalter ziemte, demonstrierte er Milde.

Das aber provozierte in Rom gleich die nächste Verschwörung – und die traf Otto Ende Januar 1001 völlig unvorbereitet. »Nun aber verschlossen die Römer, unwillig, dass der Kaiser sich mit den Einwohnern Tivolis versöhnt hatte, die Tore ihrer Stadt«, schrieb Thangmar weiter, der seine Chronik für Bischof

Bernward von Hildesheim verfasste, einen treuen Wegbegleiter und einstigen Lehrer Ottos. Demnach seien sogar Freunde des Kaisers »schmählich ermordet« worden. Ein anderer Bericht weiß von einem »geheimen Hinterhalt«, dem Otto »gerade noch durch ein Tor entkommen« konnte. Danach aber war er auf dem Palatin-Hügel umzingelt: Der Kaiser saß in der Falle.

Der Aufstand kränkte Otto zutiefst: Ausgerechnet die Bürger Roms wendeten ihre Waffen gegen ihn! Dabei hatte kein anderer König jenseits der Alpen Rom so sehr verehrt wie er, niemand entwarf so visionäre Pläne für die Ewige Stadt, die er erneuern und zum Zentrum eines christlichen Weltreichs machen wollte.

Otto, kulturell hochgebildet, war nicht wie viele andere Könige nur zum Papst gepilgert, um sich rasch zum Kaiser salben und krönen zu lassen – und dann wieder gen Norden verschwunden. Er hatte in der Stadt die erste Kaiserpfalz errichten lassen. Es gab Gerüchte, Otto plane gar, dauerhaft in Rom zu leben.

Das hatte keiner seiner Vorgänger gewagt. Aus Angst vor den Ränkespielen der machtbewussten römischen Adelsfamilien. Aber auch, weil Rom als exklusiver Machtbereich des Papstes galt: Keine irdische Macht sollte über die Heilige Stadt herrschen dürfen. Otto aber stellte Grundsätzliches infrage. Er wollte sich wieder mit dem blühenden Byzanz messen können, dem Rom des Ostens und Erben des Imperium Romanum. Residierten die byzantinischen Kaiser nicht auch in Byzanz, das Rom längst kulturell und machtpolitisch überflügelt hatte?

Rom nämlich befand sich in einem jämmerlichen Zustand: In der einstigen Millionenstadt lebten zu Ottos Zeiten wohl nur ein paar Zehntausend Menschen. Von den Palästen der Patrizierfamilien abgesehen, hausten viele Römer in einfachen strohgedeckten Hütten. Ehemals prächtige Säulen waren längst zerbrochen, verlassene Tempel dienten als Steinbrüche.

Otto und ehrgeizige Berater wie Bischof Leo von Vercelli aber wollten die zerfallende Stadt wieder aufwerten. Noch kurz vor der Rebellion der Römer hatten sie in einer außergewöhnlichen Urkunde Rom als »Haupt der Welt« und »Mutter aller Kirchen« gepriesen: als geistliches und weltliches Zentrum Europas.

Großspurig kündeten auch Ottos Siegel von einer »Erneuerung des Römischen Reiches«. Damit war sicher nicht gemeint, das antike Imperium in seiner riesigen Ausdehnung auferstehen zu lassen; vielmehr ging es wohl um eine religiöse Erneuerung des Reiches – gerade jetzt, am Ende des ersten Millenniums: Die Menschen erwarteten voller Angst die prophezeite Ankunft des Antichrists.

Zum Schutz galt es, das Christentum zu stärken. Fromm nannte Otto sich »Knecht Jesu Christi«, zusammen mit dem Papst wollte er die Geschicke des Abendlands lenken. Wie »zwei Himmelslichter«, so Leo von Vercelli in einem Lobgesang, würden Papst und Kaiser Rom und das Reich in neuem Glanz erstrahlen lassen: »Unter dem Schutz des Kaisers läutert nun der Papst die Welt!« Allein der Refrain glich einem Grundsatzprogramm: »Christus, erhöre unsere Bitten, blicke herab auf Dein Rom, erneuere gütig die Römer, wecke die Kräfte Roms: Unter der Herrschaft des dritten Otto erhebe sich Rom!«

Dieser Vision eines christlichen Weltreichs ordnete Otto alles unter. Umso mehr bestürzte ihn nun die Rebellion der Römer. Erregt wandte er sich an seine Verfolger: »Seid ihr nicht meine Römer?«, soll er von den Zinnen seiner belagerten Burg gerufen haben. »Euretwegen habe ich mein Vaterland und meine Verwandten verlassen, aus Liebe zu euch habe ich meine Sachsen und alle Deutschen insgesamt, mein eigenes Blut, verschmäht.« Den Ruhm Roms habe er »bis an die Grenzen der Welt ausbreiten« wollen. Dafür habe er sich »verhasst« gemacht, weil er die Römer »allen anderen vorgezogen« habe. Nun werde er, der sie liebe wie ein Vater, verraten: »Das finde ich einfach ungeheuerlich.«

Die Wutrede wirkte offenbar. »Zu Tränen gerührt« und aufgebracht hätten die Römer zwei Aufrührer verprügelt und dem Kaiser nackt und halb tot zu Füßen geworfen, berichtet Thangmar. Und doch: Otto und der Papst misstrauten dem Sinneswandel und zogen sich nach Ravenna zurück.

Kaum eine andere Rede aus dem Mittelalter, so dramatisiert sie auch sein mag, ist in der Forschung kontroverser diskutiert worden. Ist es glaubwürdig, dass ein Kaiser so offen zugibt, seine Heimat vernachlässigt zu haben? Oder haben Ottos Gegner ihm diese Worte nur in den Mund gelegt? Wer also war dieser Herrscher? Ein »Wunder der Welt«, wie es bald nach seinem frühen Tod heißen sollte, weil er trotz seines jungen Alters so wagemutig, so kultiviert, so religiös war? Oder ein jugendlicher Fantast, zu dem ihn die deutschnationale Geschichtsschreibung im 19. Jahrhundert machte? Der »reich begabte Fürst«, wetterten Historiker dieser Epoche, sei ein Unglück gewesen, weil er sich »mehr als Grieche und Römer denn als Deutscher fühlte«.

Unbestritten regierte der Jüngling auf dem Kaiserthron äußerst unorthodox. Seine Herrschaft wirft zugleich Schlaglichter auf zentrale Probleme des Mittelalters: Otto regierte von der Nordsee über das Mittelmeer. Die Alpen trennten die deutschen und die italienischen Gebiete geografisch, kulturell, sprachlich. Welcher Kitt aber hielt dieses Reich dann zusammen? Die Religion, die Familienverbände, die Kaiserwürde? Waren Papst und Kaiser Konkurrenten oder Partner?

Otto wuchs in eine unsichere Welt hinein, in der sich dieses komplizierte Machtgefüge zwischen geistlicher und weltlicher Herrschaft unentwegt verschob. Sein berühmter Großvater Otto der Große etwa hatte das Reich stabilisiert, indem er

Das Reich von Otto III.
um das Jahr 1000

kirchliche Würdenträger zu Pfeilern seiner Politik machte: Er verlieh Bischöfen und Äbten vermehrt weltliche Macht, gab ihnen Land und Privilegien. Dafür erwartete er während seiner Reisen Unterkunft und in Krisenzeiten politische und militärische Hilfe.

Doch selbst die klügste Machtpolitik geriet ins Wanken, wenn die königliche Erbfolge nicht gesichert war. Otto III. wurde Weihnachten 983 deshalb schon im Alter von drei Jahren zum Mitkönig geweiht. In diesem feierlichen Moment ahnte keiner der Gäste, dass sein Vater schon 18 Tage zuvor in Italien gestorben war. »Gleich nach Beendigung des Hochamts«, so ein Chronist, »traf der Bote mit der Trauerkunde ein und machte dem Freudenfest ein Ende.« Nun stand ein unmündiger Herrscher an der Spitze des Reiches. In dieser Not retteten zwei Frauen das Reich vor dem Chaos: Ottos Mutter Theophanu und seine Großmutter Adelheid regierten klug für den nur formal herrschenden Kindkönig.

Besonders Kaiserin Theophanu dürfte Ottos Bildung und seine Visionen von einem christlichen Großreich gefördert haben. Gelobt für ihr »auserlesenes Auftreten«, lehrte Theophanu ihren Sohn die antiken Wurzeln ihrer Kultur. Sie umgab sich, wie sie es vom Hof in ihrer Heimat Byzanz kannte, mit einem großen Stab an angesehenen Gelehrten: Philosophen, Mathematikern, Juristen, Poeten. Einige von Ottos Lehrern waren Griechen. Das blieb nicht ohne Wirkung: Später, als mündiger Herrscher, wollte Otto schnell seine »sächsische Rohheit« ablegen zugunsten der »feinsinnigen Gelehrsamkeit der Griechen«.

Sein wichtigster Ratgeber wurde der rhetorisch brillante Theologe Gerbert von Aurillac. Der Erzbischof von Reims, dem Otto später zur Papstwürde verhalf, war der wohl größte Universalgelehrte seiner Zeit. Wie der Sachsenkönig war auch er ein Byzanz-Bewunderer und befürwortete die Erneuerung des Reiches. Oft diskutierten die beiden Männer nächtelang. Euphorisch forderte Gerbert 997: »Unser, unser ist das Römische Reich!«

Gut drei Jahre zuvor hatte Otto begonnen, diesen Traum umzusetzen. 994, mit 14 Jahren, übernahm er die Regierung. Schon bald brach er mit 700 Rittern Richtung Rom auf. Sofort spürte er hautnah, wie schwierig diese Stadt zu beherrschen war: Gerade erst hatte Crescentius Nomentanus, Oberhaupt einer mächtigen Patrizierfamilie, Papst Johannes XV. aus der Stadt gejagt. Johannes bat Otto um Hilfe, starb aber, bevor der König eingreifen konnte.

In dieser Krise wagte Otto eine erste, sehr ungewöhnliche Entscheidung: Er bestimmte seinen nicht einmal 25-jährigen Cousin Brun von Kärnten zum neuen Papst Gregor V. Ein radikaler Bruch, denn so entstammte der neue Papst, anders als Jahrhunderte üblich, nicht mehr römischen Klerikerkreisen, sondern einer fernen deutschen Adelsfamilie. Roms Patrizier bangten um ihren Einfluss bei der Papstwahl, von der sie sich Privilegien versprachen. Schon bald schmiedeten sie Verschwörungspläne.

Oberflächlich blieb alles ruhig, denn die Armee Ottos war stark. So salbte im Mai 996 ein 24-jähriger Papst seinen 16-jährigen Cousin zum Kaiser. Zwei Nachfahren Ottos des Großen besetzten nun die Schlüsselpositionen im Reich. Der Kaiser unterzeichnete sogar päpstliche Urkunden. Diese Machtfülle konnten die Patrizier nicht tolerieren. Otto hatte Rom kaum verlassen, da verjagte Crescentius auch den neuen Amtsinhaber und ließ einen Gegenpapst küren.

»Von göttlichem Zorn erregt«, entschied sich der Kaiser zu einer grausamen Strafaktion. Ende 997 zog er erneut nach Rom. Der Gegenpapst wurde auf der Flucht ergriffen, an Nase, Zunge und Ohren verstümmelt und geblendet. So musste er durch Rom reiten, rücklings auf einem Esel sitzend. Derweil ließ Otto »unablässig bei Tag und Nacht« die Engelsburg brennen, in der sich Crescentius verschanzt hatte. Nach der Erstürmung köpfte man Crescentius »auf kaiserlichen Befehl« und ließ ihn, an den Beinen aufgehängt, von einer Zinne baumeln. Das habe »alle, die es sahen, in große Furcht« versetzt, hieß es in einer Chronik.

Ottos Brutalität erklärt sich auch dadurch, dass Crescentius gegen ungeschriebene Regeln verstoßen hatte: Bereits einmal hatte er die Gnade des Kaisers erfahren; ein zweites Mal konnte er dies nicht erwarten. Die Misshandlung des Gegenpapstes hingegen war politisch riskanter: So wie Otto sich des Gegenpapstes nicht erbarmt habe, zürnte der 90-jährige hoch angesehene Eremit Nilus, »so wird auch Euch der himmlische Vater niemals die Sünden vergeben«.

Das war mehr als der Fluch eines greisen Gläubigen. Es zeigte ein Dilemma im Herrschaftskonzept: Ohne Gewalt konnte sich

Otto kaum in Rom durchsetzen. Gleichzeitig aber wollte er das Oberhaupt eines erneuerten, christlichen Universalreichs sein und hatte eine Herrschaft der »allergrößten Milde« versprochen. Als weltlicher Herrscher musste er Härte zeigen, als religiöser Kaiser Demut und Buße: Schließlich verdankte er sein Amt allein dem Willen Gottes – und ließ das auch pompös darstellen.

So erinnert Otto im prächtigen Evangeliar des Bamberger Domschatzes frappierend an Christus. Kein Kaiser zuvor hatte so große Analogien zwischen sich und Gottes Sohn gezogen: Wie die Heiligen Drei Könige huldigen Otto vier Frauengestalten, die reiche Gaben bringen. Das Evangeliar verdeutlicht, wie sehr sich das Idealbild des Kaisers im 10. Jahrhundert wandelte: Zwar hatten die Kaiser von jeher ihre Herrschaft mit einem göttlichen Auftrag legitimiert, denn sie schützten den Papst, der sie dafür mit dem höchsten weltlichen Titel aufwertete. Doch Otto orientierte sich sehr intensiv an den Reformbewegungen der Kirche: Die erwartete Apokalypse zur Jahrtausendwende hatte Mönche, Eremiten und Asketen zu Vorbildern und einflussreichen Persönlichkeiten gemacht. Nur ihre aufrichtige Religiosität, so glaubte man, könne das Unheil vielleicht noch abwenden.

Dennoch war es ungewöhnlich, dass ein Kaiser barfüßig zu Wallfahrten aufbrach, exzessiv fastete und unter seinem Kaisermantel oft das raue Hemd des Büßers trug. Mit »innigen Gebeten« und »Strömen von Tränen« habe Otto versucht, seine Sünden zu sühnen, hieß es. Sein Gemüt habe sich mitunter »von Weltverachtung erfüllt«, lobte auch Missionar Brun von Querfurt. Im Kaiser habe mehr »Gottesliebe« gelebt als in einem Mönch.

Der Kaiser selbst verehrte besonders einen Heiligen: Adalbert, den Bischof von Prag. 997 war Adalbert als Missionar in Prußen den Märtyrertod gestorben; der Kaiser hatte ihn zu dieser gefährlichen Reise ermuntert. »Demütig barfuß« sei Otto zu Adalberts Grabstätte nach Gnesen bei Posen gepilgert, wo er »unter Tränen« die Gnade Gottes erbat. Der Kaiser erhob Gnesen eigenmächtig zum ersten Erzbistum des gerade christianisierten Polen. Von dort brachte er Reliquien Adalberts mit, die er überall verteilen ließ. Ein kirchenpolitisch kluger Zug: Der Kult um Adalbert wirkte »wie eine neue religiöse Klammer«, die das Reich zusammenhielt, urteilt der Mediävist Stefan Weinfurter.

Doch im Januar 1002 verstarb Otto mit erst 21 Jahren, offiziell »mit heiterem Antlitz und stark im Glauben«. In Wahrheit aber hatte er sich in den Monaten vor seinem Tod in einer prekären Lage befunden, zerrissen von Zweifeln: Wie sollte er sein christliches Imperium ausbauen, ohne Rom mit unchristlicher Gewalt zu überziehen? Der Kaiser suchte Antworten bei den Einsiedlern im Sumpfland von Ravenna, denen er angeblich versprach, bald Mönch zu werden. Hier infizierte er sich wahrscheinlich mit Malaria, gerade als er sich dazu durchgerungen hatte, noch einmal militärisch gegen Rom vorzugehen. Ein so überraschender Tod, zumal auf dem Hoch der verbreiteten Endzeitstimmung, verlangte nach Erklärungen: Strafte Gott Otto für seine Sünden? War die Vorhersage des greisen Eremiten Nilus eingetreten, der zufolge Otto kein göttliches Erbarmen erwarten könne? Oder hatte die Witwe des Crescentius den Kaiser schlicht vergiftet?

Selbst sonst kaiserfreundliche Chronisten fanden kritische Worte. Brun von Querfurt, begeistert von der Askese des Kaisers, sprach von der »Sünde« Ottos, seine Heimat für die »buhlerische Schönheit« Roms vernachlässigt zu haben. Der »gute Kaiser« sei auf Abwege geraten, als er das heilige Rom gewaltsam erobern wollte. Vernichtend urteilte Brun über Ottos Traum: »Wie ein alter Heidenkönig, der sich in seinem Eigenwillen verkrampft, mühte er sich zwecklos ab, den erstorbenen Glanz des altersmorschen Rom aufs Neue zu beleben.«

Der frühe Tod lässt auch Historiker bis heute über Ottos Pläne und das Ausmaß seiner Reformidee streiten. Manche vermuten gar, Otto III. habe auch seine Position gegenüber dem Papst ausbauen wollen. »Von der anfänglichen Gleichrangigkeit zwischen Kaiser und Papst« könne von dem Moment an, als sich Otto papstähnlich zum »Diener der Apostel« stilisierte, »keine Rede mehr sein«, schreibt etwa Stefan Weinfurter. »Der ›Apostelknecht‹ Otto III. war einzigartig in der Welt.«

Genau darüber entbrannte nach Ottos Tod ein zermürbender Streit. Sein Nachfolger Heinrich II. wollte zwar lieber die »Herrschaft der Franken« erneuern, als ein römisches Reich wiederzubeleben, und nahm in Kauf, dass die deutschen und italienischen Gebiete auseinanderdrifteten. Als er sich 1014 nach langem Zögern aber doch in Rom zum Kaiser salben ließ, verstand auch er sich als christlicher Weltherrscher. Selbst Kirchenreformer redeten ihn nun mit »Göttlicher Augustus« an. Heinrich wollte bei der Besetzung jedes wichtigen geistlichen Postens mitentscheiden.

Das war der Ausgangspunkt des Konflikts, der Jahrzehnte später im Investiturstreit zwischen Reformpapst Gregor VII. und König Heinrich IV. gipfelte. Im Kern ging es darum, wer größere Macht ausüben sollte – Papst oder Kaiser – und wie weltliche und geistliche Einflussbereiche zu trennen waren. Gregor VII. verdammte die verbreitete Simonie, den Kauf von Kirchenämtern, und verbot den weltlichen Herrschern die Investitur, die Amtseinsetzung von Klerikern. Das wollte der König nicht dulden.

So spaltete sich das Reich, das Otto hatte einen wollen: Der König verlangte die Abdankung des Papstes, dieses »falschen Mönchs«, der wiederum den König exkommunizierte. Schließlich musste Heinrich im Winter 1077 tagelang im Büßerhemd vor der Burg Canossa ausharren, bis ihn der Papst hereinbat und vom Kirchenbann löste. Der Gedemütigte hatte damit Zeit gewonnen – und konnte den Machtkampf fortführen, der erst 1122 in einem Kompromiss endete.

In der Ferne hatte der byzantinische Kaiser Basileios II. lange von der Schwäche des Reiches profitiert. 1042 stieg seine Nichte Zoë zur Herrscherin auf. Damit lenkte, wenn auch nur kurz, jene Frau die Geschicke Ostroms, die sich 40 Jahre zuvor als junge Prinzessin auf den langen Weg über das Mittelmeer gemacht hatte, um Otto III. zu heiraten.

Doch Zoë kam zu spät. Als ihr Schiff in Bari anlegte, transportierte das kaiserliche Gefolge bereits den Leichnam Ottos über die Alpen. So starb mit Otto auch die Idee, das Rom des Ostens und des Westens wieder stärker zusammenzuführen. Und nur zwei Jahrhunderte nach seinem Tod brandschatzten christliche Kreuzritter das christliche Byzanz.

Bis ans Ende der Welt

Die Konstantinische Schenkung gab den Päpsten auch politische Macht, es erhob sie zu weltlichen Herrschern im Kirchenstaat. Das Dokument war eine der folgenreichsten Fälschungen der Weltgeschichte.

Von Johannes Saltzwedel

Der Dank des Regenten hätte kaum großzügiger ausfallen können. In Rom war Kaiser Konstantin wundersam vom Aussatz geheilt worden, angeblich unter Mitwirkung des damaligen Bischofs der Stadt, Silvester. Daraufhin trat der Imperator zum Christentum über – und soll zugunsten Silvesters folgenschwere Verfügungen getroffen haben.

So jedenfalls steht es in einer Urkunde, von der mehr als 300 Abschriften erhalten sind – von der aber nie ein wirkliches Original existierte: Silvester »und alle seine Nachfolger, die den Stuhl des seligen Petrus bis ans Ende des Zeitalters innehaben werden«, sowie »die heilige Römische Kirche« wurden in diesem Dokument, das als Konstantinische Schenkung berühmt wurde, umfassend bedacht und geehrt. Zudem – und das war das Entscheidende – setzte Konstantin den Papst »für immer« zum weltlichen Machthaber ein über »alle Teile der Stadt Rom und ganz Italiens, auch der Gebiete im Westen, Provinzen, Städte und Ortschaften«. All dies sollte »bis ans Ende der Welt unangefochten gelten«.

Auf den ersten Blick enthielt die Urkunde alles, was ein amtliches Dokument brauchte. Das Datum jedoch war nicht klar, der 30. März konnte sich auf das Jahr 315 oder 317 beziehen. Und je gründ-

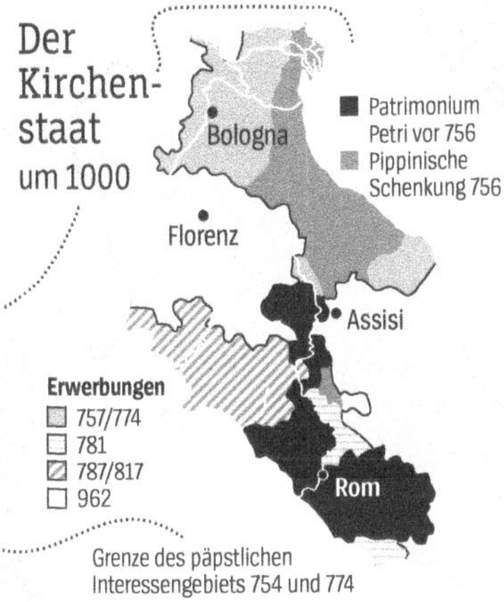

licher Fachleute den Text untersuchten, desto mehr Bedenken tauchten auf.

Schon der gelehrte Kardinal Nikolaus von Kues (1401 bis 1464) hielt die Konstantinische Schenkung für gefälscht; sein Zeitgenosse, der Humanist Lorenzo Valla (um 1407 bis 1457), zeigte in einer eigenen Studie, dass etliche der im Text verwendeten Formeln zu Konstantins Zeit gar nicht gebräuchlich waren.

Das Patrimonium Petri in Mittelitalien gab es da aber längst. Der Kirchenstaat war entstanden aus bischöflich-römischen Besitzungen und Erwerbungen sowie etlichen fürstlichen Landschenkungen seit dem 4. Jahrhundert, darunter eine von Pippin III., dem Vater Karls des Großen. Der Heilige Vater übte in diesem Gebiet neben dem geistlichen ein weltliches Regiment aus, er kassierte Abgaben wie andere Landesfürsten, ja er ließ sogar bisweilen Söldner für sich kämpfen. Dieser weltliche Herrschaftsanspruch wurde jahrhundertelang mit der gefälschten Urkunde legitimiert.

Erst kurz bevor italienische Truppen dem Kirchenstaat 1870 ein Ende setzten, beugte sich der Vatikan der geballten Kritik von Philologen und Historikern und erkannte an, dass es die Konstantinische Schenkung nie gegeben hatte.

Wer sie einst ausgeheckt hat, ist nicht restlos geklärt, aber alle wesentlichen Spuren führen in die Zeit der Karolinger. Das neue Kaisertum Karls des Großen gab seit 800 in Westeuropa der Lehre vom Zusammenspiel des weltlichen und geistlichen Regiments neuen Rang. In diesem Zusammenhang scheint das Dokument in Umlauf gebracht worden zu sein; im langen, erbitterten Ringen zwischen Päpsten und Kaisern war es ein Faustpfand der Kurie.

Wer die Urkunde heute als bloßes Kuriosum abtun wollte, muss sich nur an die noch immer existente Staatlichkeit des Vatikans samt Flagge, Wappen, Grenzkontrollen und eigener Post erinnern. All diese sehr weltlichen Hoheitsmerkmale gehen auf eines der erstaunlichsten Täuschungsmanöver in der Rechts- und Kirchengeschichte zurück.

Stütze des Staates

Die byzantinische Ostkirche brach mit dem Papst und trug ihre Religion nach Russland. Dort wurde das orthodoxe Christentum zum prägenden Glauben eines Imperiums.

Von Uwe Klußmann

Die Machtfrage war rasch geklärt. Im September 787 hatte die byzantinische Kaiserin Irene kirchliche Würdenträger zum Zweiten Konzil von Nicäa geladen. Protest kam vom Frankenkönig Karl dem Großen, der sich im Westen Europas als Schützer der Christenheit sah. Er mahnte, Kaiserin Irene solle sich als Frau in Glaubensfragen zurückhalten. Doch Irene setzte sich durch. Das Konzil fand statt und fasste folgenreiche Beschlüsse, ganz im Sinne der Regentin.

Die Kirchenversammlung in Nicäa, südlich von Konstantinopel – heute das türkische Iznik –, erlaubte die Verehrung, aber keine Anbetung von Ikonen. Sie verurteilte die Geldgier und die luxuriöse Lebensführung von Klerikern und die damals verbreitete Gemeinschaft weiblicher und männlicher Ordensleute.

Die Beschlüsse vertieften die längst fühlbare Spaltung zwischen römischer Papstkirche und byzantinischer Ostkirche. Es ging dabei aber nicht nur um fundamentale theologische Fragen, etwa die, ob Christus eher Opfer war, wie es Rom sah, oder Sieger, wie es Byzanz darstellte. Es ging auch um weltliche Einflusssphären.

In Rom gab es nur den Papst, der es auf weltlicher Seite mit eher schwachen, miteinander rivalisierenden Lokalfürsten zu tun hatte. Im Osten hingegen entwickelte sich das Verhältnis von Kirche und Staat völlig anders. Nachdem die Hauptstadt des Römischen Reiches im Jahr 330 nach Konstantinopel verlegt worden war, festigte sich die Instanz des Kaisers als Machtzentrum. Die Kirche dort hatte mehrere Patriarchen, die sich bemühten, mit dem Kaiser nicht in Konflikt zu geraten, und sich unterordneten.

Besonders eng wurde die Bindung zwischen orthodoxer Kirche und weltlicher Herrschaft in der Kiewer Rus, aus der später das Russische Reich hervorgehen sollte. Um 861 entsandte der byzantinische Kaiser Michael III. die beiden Brüder Konstantin und Michael als Missionare in die noch heidnische Gegend zwischen Wolga und Dnjepr. Die beiden Priester und Gelehrten brachten dem werdenden Russland das kyrillische Alphabet und das orthodoxe Christentum; noch heute verehrt die russisch-orthodoxe Kirche die beiden Sendboten von Byzanz als die Gründerheiligen Kyrill und Method.

Großfürst Wladimir, Führer der Kiewer Rus, ließ sich laut Legende im Jahr 988 auf der Krim taufen. Seine Heirat mit Anna, der Schwester des oströmischen Kaisers Basileios II., knüpfte einen Bund zwischen Byzanz und den Russen, der sich noch festigte, nachdem das Morgenländische Schisma 1054 West- und Ostkirche dauerhaft voneinander getrennt hatte. Zwar schwächte die Abspaltung Byzanz, schuf aber zugleich die Grundlagen dafür, dass die orthodoxe Kirche später eine zentrale Stütze des heranwachsenden Russischen Reiches werden konnte. Sie half der kommenden Großmacht, sich vom katholischen und protestantischen Westen abzugrenzen.

Zunächst blieb die russische Kirche unter dem Patriarchat Konstantinopels. Doch 1448 erklärten sich die Russisch-Orthodoxen für eigenständig. Fünf Jahre später stürmten die Truppen des Sultans Mehmed II. Konstantinopel, machten aus der prächtigen Hagia Sophia eine Moschee und ließen das Reich von Byzanz untergehen. Das russische Fürstentum hingegen blieb die einzige christlich-orthodoxe Großmacht, die sich nicht den islamischen Eroberern unterwarf. Um sich als Erbe von Byzanz zu präsentieren, heiratete der Großfürst Iwan III. 1472 die Nichte des letzten byzantinischen Kaisers, Sophia Palaiologa. Er verwendete nun den Titel »Zar« und nannte sich »Bewahrer des byzantinischen Throns«.

Die Verbindung zur griechisch-byzantinischen Kirchentradition hatten russische Mönche schon seit 1169 im Kloster Athos auf dem Ostzipfel der griechischen Halbinsel Chalkidiki gepflegt. Die Mönchsgemeinde behielt selbst unter der Herrschaft des Osmanischen Reiches ihre Autonomie, die noch heute unter griechischer Souveränität fortbesteht. Auch von ihr kam die Anregung, Russland zum Erben der oströmischen Reichsidee zu erklären. Um 1510 brachte der Mönch Filofej aus einem Kloster bei Pskow im Nordwesten Russlands die byzantinische Tradition auf die Formel: »Denn zwei Rom sind gefallen, das dritte aber steht, und ein viertes wird es nicht geben.«

Als Wahrer der oströmischen Reichsidee präsentierte sich demonstrativ Iwan IV., »der Gestrenge«, im Westen »der Schreckliche« genannt. Im Januar 1547 setzte ihm Metropolit Makarj in der Uspenski-Kathedrale im Moskauer Kreml die mit Fell umkränzte Zarenkrone auf. Von Byzanz übernahmen die Russen das pompöse Krönungszeremoniell und den Doppeladler als Staatssymbol. So schuf der Zar in der Tradition der römischen Reichsidee einen Vielvölkerstaat und stilisierte sich zugleich als Schutzherr der orthodoxen Christenheit.

Die orthodoxe Kirche wurde in Russland »das Zentrum zur Bewahrung des nationalen Selbstbewusstseins«, so die russische Historikerin Tatjana Schwez. Dazu trug auch bei, dass die russische orthodoxe Kirche 1589 den Moskauer Metropoliten zum Patriarchen erklärte. Er unterstand nun keiner kirchlichen Autorität außerhalb Russlands mehr.

Doch der innere Zustand der Kirche wurde bald zum Problem. Die äußere Abgrenzung der Russisch-Orthodoxen zum als feindlich wahrgenommenen Westen führte zu geistiger Stagnation. Zar Peter I. (1672 bis 1725), der Russland näher an das frühaufklärerische Europa heranführen wollte, sah die Kirche als Modernisierungshindernis. Den »Bärtigen«, dem Klerus und den orthodoxen Altvordern, sagte er den Kampf an. Er ließ Bärte zwangsweise abschneiden. Und er griff tief in die Machtstruktur der Kirche ein.

Peter ersetzte das Patriarchat durch ein »Geistliches Kollegium«, das bald »Heiligster Dirigierender Synod« hieß, geführt von einem Oberprokuror, ernannt vom Zaren. Die Mitglieder dieses Gremiums schworen, »ihrer Majestät ein guter, gehorsamer Knecht zu sein«.

Der Oberprokuror war zugleich Aufseher und Zensor der Kirche. Auch das Leben in den Klöstern ordnete der Zar neu. Er verpflichtete die Männer- und Frauenklöster zu nutzbringender Arbeit wie Krankenpflege und Waisenerziehung. Was der Zar vom Klosterwesen hielt, zeigt seine Verordnung des »Geistlichen Reglements« von 1721. Darin heißt es über die Mönche: »Viele Nichtsnutze, die vollständig gesund sind, sammeln aus Faulheit Almosen und gehen schamlos betteln.«

Peters Reform war folgenreich, denn sie führte zu einer Quasi-Verstaatlichung der Kirche. Diese hatte bis zum Ende der Zarenzeit Bestand. Oberprokuror Konstantin Pobedonoszew stellte Ende des 19. Jahrhunderts die orthodoxe Religion sogar als Schutzschild des Staates dar. In einem 1896 veröffentlichten Buch dozierte er: »Der Staat ist umso stärker, je klarer er Repräsentant des Geistigen ist.« Das »Vertrauen der Masse des Volkes zu den Regierenden«, so Pobedonoszew, gründe sich »auf die einfache Gewissheit, dass die Regierung einen Glauben hat und dem Glauben entsprechend handelt«.

In der ihm unterstellten Kirche beobachtete der Oberprokuror jedoch »betrübliche Erscheinungen« wie »Trunksucht, Streitsucht, Feindseligkeit, Zank und Konflikte«. Es kriselte in den Kirchen und Klöstern. Und es rumorte bei den einflusslosen Gemeindemitgliedern. Der Schriftsteller Nikolai Leskow, der in seinen Werken den Niedergang des Klerus karikierte, brachte die Misere auf die Formel, Russland sei »getauft, aber nicht aufgeklärt«.

Manche russisch-orthodoxen Intellektuellen des 19. Jahrhunderts stellten der Krise der Kirche byzantinische Allmachtsfantasien entgegen. So schrieb der Dichter und Diplomat Fjodor Tjuttschew im Jahr 1850: »Und die alten Gewölbe der Hagia Sophia / und das erneuerte Byzanz / werden erneut den Altar Christi umfassen.« Der Romancier Fjodor Dostojewski fantasierte im Juni 1876 vor Beginn des Russisch-Osmanischen Krieges: »Konstantinopel soll früher oder später wieder unser werden«, als »Zargrad«, die Stadt der Zaren. Dies sei notwendig »für die gesamte östliche Christenheit und für das Schicksal der künftigen Orthodoxie auf der Welt«.

Doch als die imperialen Träume des Zarenreiches im Ersten Weltkrieg platzten, hatte die Symbiose von Staatsgewalt und Geistlichkeit fatale Folgen. Als der Staat 1917 mit dem Sturz des Zaren seine Autorität verlor, wurde auch das Amt des Oberprokurors abgeschafft. Die Kirche stand plötzlich ohne entscheidenden Einfluss da.

Zwar hielten die Orthodoxen Ende Oktober/Anfang November 1917 in Moskau noch ein Konzil ab, während bewaffnete

Bolschewiki auf Moskau vorrückten. Und die siegreichen Revolutionäre gestatteten noch im November 1917 die Wahl des Metropoliten Tichon zum Patriarchen. Der aber konnte nicht verhindern, dass rabiate Bolschewiki im beginnenden Bürgerkrieg zu Tausenden Priester erschossen und Kirchen plünderten.

Zum Jahrestag der bolschewistischen Revolution schrieb Tichon der sowjetischen Regierung Ende Oktober 1918 einen Brief, in dem er »das in Strömen vergossene Blut unserer Brüder« beklagte. Doch der Terror des sowjetischen Regimes gegen orthodoxe Priester und Laien ging weiter. Eine militante »Gottlosenbewegung« wurde mobilisiert. Allein von August bis November 1937 verhaftete die sowjetische Geheimpolizei 31 359 Gläubige und Geistliche. In diesen vier Monaten verurteilte das Regime 4629 Priester und 934 Mönche zum Tode.

Zu Beginn der Vierzigerjahre war die russisch-orthodoxe Kirche nahezu vernichtet. Das Regime hatte Kirchen in Lagerhallen und Kuhställe verwandelt. Von den 80 000 Gemeinden des Jahres 1917 bestanden 1941 noch etwa 3000.

Ausgerechnet der Krieg gegen Hitlers Deutschland brachte eine Wende. Um den Kampf zu gewinnen, brauchte der Sowjetstaat auch die Unterstützung von Nichtkommunisten und Christen. Die Kirchenpolitik änderte sich grundlegend. Der frühere orthodoxe Seminarschüler Josef Stalin empfing im September 1943 drei Metropoliten im Kreml und lobte die »patriotische Tätigkeit der Kirche«. Die Kirchenoberen hatten, wirkungsvoll eingefädelt, in den Gemeinden Geld für eine Panzerkolonne gesammelt. Nur wenige Tage später ließ Stalin die Kirchenoberen wieder einen Patriarchen wählen, stellte die Kirche jedoch unter die Aufsicht des sowjetischen Geheimdienstes.

Auch die Byzanzkunde ließ Stalin aufleben, in der sowjetischen Akademie der Wissenschaften. Noch während die Rote Armee Anfang Mai 1944 die deutsche Wehrmacht vom Taufort des heiligen Wladimir auf der Krim vertrieb, tagten russische Historiker an der Akademie mit wegweisenden Vorträgen wie »Byzanz und der Westen«. Und im September 1946 intonierte die Zeitschrift des Moskauer Patriarchats den weltanschaulichen Gleichklang von Kreml- und Kirchenglocken mit der alten These: »Moskau ist das dritte Rom.«

Wie wirkungsvoll die staatliche Kontrolle über die Kirche war und wie die Synthese aus Bolschewismus und Byzantinismus funktionierte, zeigte sich zu Beginn des Kalten Krieges. Da verdammte der Metropolit Nikolai im August 1949 auf einer »Friedenskonferenz« in Moskau die »gierigen Fangarme des transatlantischen Ungeheuers« und das kapitalistische Amerika, »diese rasende Hure eines neuen Babylon«. Den Papst bezeichnete der Metropolit als »Agenten des amerikanischen Imperialismus«, die Sowjetregierung hingegen würdigte er als »die gerechteste in der langen und verworrenen Geschichte ihres Landes«.

Als 1991 mit dem Zerfall der Sowjetunion Russland einmal mehr in Wirren driftete, reagierte die Kirche in byzantinischer Tradition. Hatten Kirchenobere schon in der späten Sowjetzeit vom Staat Limousinen gegen Loyalität erhalten, demonstrierte die Kirche dem ersten russischen Präsidenten Boris Jelzin noch die Treue, als dessen Popularität schon dramatisch sank. Jelzin wies der Kirche einen »besonderen Platz« in der Gesellschaft zu. Er bestand auch darin, dass der Präsident der Kirche Zollprivilegien für den einträglichen Handel mit Zigaretten gewährte.

Weniger umstritten war der Wiederaufbau der 1931 von den Kommunisten gesprengten Christ-Erlöser-Kathedrale im Zentrum Moskaus. Dabei wandten sich Kirche und Staatsführung an reiche Sünder aus den Reihen dubioser »Bisnesmen«. Die konnten durch großzügige Spenden bis zur Fertigstellung des Baus 1999 ein gottgefälliges und staatsfrommes Werk tun – steuerlich absetzbar.

»Heilige Pflicht«

Russland blieb trotz des Kommunismus immer mehrheitlich christlich. Die orthodoxe Kirche steht heute treu an der Seite Wladimir Putins. Sie liefert den theologischen Überbau für seine Abgrenzung gegenüber dem Westen.

Von Uwe Klußmann

Die Nähe der russisch-orthodoxen Kirche erlebte der neue Staatschef schon zu Beginn seiner ersten Amtszeit. Nach der Wahl Wladimir Putins zum Präsidenten ließ der Patriarch Alexij II. bei der Amtseinführung am 7. Mai 2000 in einer Kirche auf dem Kreml-Gelände für den Staatschef beten. Der hatte sich zuvor zu seiner »heiligen Pflicht« bekannt, »das Volk Russlands zusammenzuschmieden«. Russland ist nach Artikel 14 seiner Verfassung zwar ein weltlicher Staat, der keine Religion verordnet. Dennoch zeigt sich der Kreml der russisch-orthodoxen Kirche besonders verbunden. Sie sei, so Putin, »die geistige Stütze unseres Volkes und unserer Staatlichkeit«. 75 Prozent der russischen Bürger bekennen sich zum russisch-orthodoxen Glauben. Zwar gehen nur etwa 10 Prozent regelmäßig in die Kirche. Die meisten orthodoxen Russen pflegen, so der Moskauer Historiker Weniamin Simonow, ein »individualistisches Modell der persönlichen Religiosität«, mit Ikonen in fast jeder Wohnung.
Zudem ist die russisch-orthodoxe Kirche mit ihren mehr als 33 000 Gotteshäusern und mehr als 30 000 Geistlichen ein wichtiger Faktor der Gesellschaft. In jüngster Zeit bringen Russlands Orthodoxe bei Prozessionen wie etwa am 12. September 2017 in Sankt Petersburg schon mal Zehntausende Menschen zusammen. Dort wurden

neben Ikonen und Bildern des letzten Zaren auch Transparente gezeigt, die ins Weltliche weisen: »Ehre des Herrschers – Ehre des Volkes«.

Die Autorität der Kirche ist noch gewachsen, seit sich die nach der Revolution entstandene orthodoxe Auslandskirche 2007 mit den Inlandsbrüdern vereinte. Den Einigungsvertrag unterzeichneten beide Kirchen in der Christ-Erlöser-Kathedrale in Moskau – im Beisein Putins. Er sah in der »Wiedergeburt der kirchlichen Einheit« eine »äußerst wichtige Bedingung für die Wiederherstellung der verlorenen Einheit der ganzen ›russischen Welt‹«.

Für die von der Staatsführung gewünschte innere Abgrenzung Russlands vom Westen lieferte die Kirche bereits im Jahr 2000 eine theologische Begründung: Der damalige Metropolit und jetzige Patriarch Kirill verkündete, die »liberale Doktrin« beinhalte »die Idee der Entfesselung des sündigen Individuums« und damit »die Befreiung des Potenzials der Sünde im Menschen«. Daher sei »die liberale Idee kontradiktorisch zum Christentum«.

16 Jahre später konstatierte der Patriarch eine »Dechristianisierung Europas und Amerikas« und eine »tiefe Identitätskrise, welche die westliche Gesellschaft erfasst hat«. Daher, so das Kirchenoberhaupt, könne eine »blinde Übertragung fremder weltanschaulicher Modelle« auf den »russischen Boden« nur zu »schweren Erschütterungen und Tragödien« führen. Folgerichtig warnt der Patriarch, gegenüber »manchen Internet-Seiten«, die »gefährliche, provokative Informationen« enthielten, müsse »der Staat Wachsamkeit zeigen«.

Das hört man im Kreml gern. Zum 70. Geburtstag im November 2016 erhielt Patriarch Kirill von Putin eine der höchsten Auszeichnungen des Landes, den Orden »für Verdienste gegenüber dem Vaterland«. Das Kirchenoberhaupt bedankte sich mit dem Bekenntnis, »Stein für Stein das Gebäude eines symphonischen Zusammenwirkens von Kirche, gläubigem Volk und Staat zu errichten«.

Vertreibung aus dem Paradies

Über Jahrhunderte hinweg lebten Christen im Irak zumeist in Frieden neben ihren muslimischen Nachbarn. Seitdem der »Islamische Staat« wütet, müssen sie zu Hunderttausenden fliehen. Eine Reportage aus Beirut, wo viele von ihnen stranden.

Von Susanne Koelbl

Als der Krieg die Ninive-Ebene erreicht, in der die Christen leben, im August 2014, schlafen viele der Menschen unterm Sternenhimmel, auf den Dächern ihrer Häuser. Die Mörder verwandeln den Himmel nordöstlich von Mossul in eine Hölle aus roten und orangen Feuerbällen, Raketen und Bomben.

Wer kann, springt auf, rennt zum Auto, im Schlafanzug, ein Baby im Arm. Das Leben gerettet, sonst nichts – so fliehen die Bewohner Richtung Irakisch-Kurdistan. Wie eine Sense mäht der Terror des »Islamischen Staats« (IS) durch die grüne Ninive-Ebene, Tag um Tag, Dorf um Dorf. Bis er schließlich die Ortschaft Batnaja, das Haus von Nafae Mayoma erreicht.

Jetzt steht der studierte Bauingenieur Mayoma tausend Kilometer weiter westlich vor der St.-Josefs-Kirche in Beirut. Er ist 53, hat grüne Augen, breite Wangenknochen, Bürstenschnitt; man sieht seinem Körper an, dass er früher viel trainiert hat. Doch nun hängen die Schultern schlaff herab, der Blick ist fahrig. »Es ist ein langsamer Tod, wir atmen nur noch«, sagt Mayoma. Er sagt das ruhig, doch in seiner Stimme ist die Bitterkeit zu spüren.

Die Glocken von St. Josef läuten. Weihrauch wabert aus dem offenen Kirchenportal. Männer und Frauen stehen in Trauben zusammen, viele junge Menschen, in Jeans und farbigem T-Shirt; die Mädchen haben die Lippen geschminkt. Es sind Gestrandete, wie Mayoma.

Sie sagen: Lieber hier in Beirut unter der Brücke schlafen als zurück in die Hölle, in den Irak. Dort warteten die Halsabschneider. Und sie erzählen, dass auf einer Wand der Kirche von Batnaja jetzt gekritzelt steht: »Ihr scheiss Kreuzsklaven, wir Töten euch alle. Dieses Land ist Islamische land, Ihr Schmuzigen, Ihr gehört nicht da hier.« Es gibt ein Foto davon. Die Zeilen, in falschem Deutsch geschrieben, wurden verfasst von einem IS-Kämpfer, der wohl auszog aus der Bundesrepublik in den Dschihad.

Für Mayoma gibt es kein Zurück. Aber es geht auch nicht weiter. Die Wege in den Westen sind abgeriegelt, für die allermeisten hier. Sie stecken fest in Beirut. Selbst die Kirche hier sei geliehen, sagt der Bauingenieur. Die Gemeinde der libanesischen Maroniten überlässt den chaldäischen Flüchtlingen ihre Gebetsstätte nach dem eigenen Gottesdienst.

Der Libanon ist für sie zum Wartesaal geworden, wie für so viele Verzweifelte aus ganz Nahost. In dem Ministaat, gerade einmal halb so groß wie Hessen, machen Flüchtlinge – unter ihnen die Christen aus dem Irak – rund ein Viertel der Bevölkerung aus.

Die Messe beginnt. Und wenn es tatsächlich einen Gott gibt, dann ist er in diesem Moment ganz sicher anwesend, so warm, so ergreifend ist die Stimme, die jetzt die Kuppel der St.-Josefs-

Kirche erfüllt. Farah, 21, hüftlange Locken, die Augen geschlossen und zum Himmel gerichtet, singt: »Jesus, allmächtiger Gott, Oase meines Lebens, wir versuchen aufzustehen, aber wir können nicht, hilf uns.« Auch Farah ist vor zwei Jahren hierhergeflüchtet, wie Hunderte irakische Christen wohnt die Sängerin in Sad al-Buschria, in einer der kleinen Seitenstraßen um die St.-Josefs-Kirche.

Hier lebte auch Mayoma, der im Gebet Trost findet. Doch auf Gott allein hat er sich nie verlassen, er ist ein Pragmatiker. Bis vor Kurzem hat er ein Haus besessen, ein Auto, ein gut gehendes Geschäft, er hatte eine glückliche Familie. Heute arbeiten seine Söhne als Kistenschlepper in einer Fabrik. Zusammen verdienen sie 700 Dollar im Monat. Mayoma nutzt jede Chance, sich irgendwie in dieser Misere zu behaupten, und sei es, dass er den Reportern eine Lektion in Geschichte erteilt.

Als die »Koalition der Willigen« 2003 in sein Land einmarschiert sei, um den Diktator Saddam Hussein zu stürzen, habe keine der westlichen Nationen daran gedacht, in diesem Krieg auch die Christen zu schützen, klagt er. Damals hätten die Christen noch etwa fünf Prozent der Bevölkerung ausgemacht, heute seien sie weniger als ein Prozent – von rund 1,5 Millionen sank ihre Zahl auf weniger als 300 000. »Wir verschwinden!«, sagt Mayoma.

Die Christen im Irak würden gejagt, entführt, ihre Dörfer und Städte dem Erdboden gleichgemacht. Wer von ihnen dem IS in die Hände falle, könne konvertieren, vielleicht bezahlen, sonst werde ihm der Kopf abgeschnitten. »Schreiben Sie das!«, fleht Mayoma. »Wenn uns der Westen schon nicht helfen kann, in unserer Heimat, im Irak zu bleiben, dann soll er uns wenigstens helfen, dass wir von dort fliehen können.«

Im Juli 2017 wurde die Ninive-Ebene vollständig vom IS befreit. Doch die Christen aus Batnaja fühlen sich verraten von ihrer Regierung, weil die Armee sie im Stich gelassen habe. Nicht nur ihre Schulen wurden zerstört und das Teehaus, in dem sich die Männer jeden Sonntag nach dem Gottesdienst trafen, nicht nur die Kirche und die große Marienstatue, deren Kopf brutal abgeschlagen wurde. Zerbrochen ist auch das Vertrauen, dass ein friedliches Zusammenleben von Muslimen und Christen im Irak möglich ist.

Droht das Ende des christlichen Lebens im Zweistromland? In dem Land also, in dem sich nach einer Lesart des Alten Testaments das Paradies befand und in dem die Sippe Abrahams siedelte? Vor über 1400 Jahren bildeten die Christen die Mehrheit rund um Euphrat und Tigris. Damals prägten sie das Zusammenleben und die Kultur. Viele der Traditionen, die bis heute von den Kirchen des Orients gepflegt werden, haben ihren Ursprung in dieser Zeit – es sind teils uralte Riten in alten Sprachen, die trotz Wirren und Anfeindungen über die Jahrhunderte lebendig geblieben sind (siehe Seite 123).

Mit der Expansion des Islam ab dem 7. Jahrhundert begann der Niedergang der christlichen Vorherrschaft im Orient. Zwar blieben die Jesus-Anhänger vielerorts geduldet, durften ihren Glauben leben. Doch immer wieder kam es auch zu dramatischen Verfolgungen. Als der mächtige Perserkönig Nadir Schah die Ninive-Ebene einnahm, vor 274 Jahren, ließ er die Christen ermorden und zahlreiche Dörfer zerstören. Tief sitzt auch das Trauma der Christenpogrome während des Ersten Weltkriegs. Die chaldäisch-katholische Kirche, die auch in Syrien und der Türkei Anhänger hat, verlor unzählige Gläubige. Die Christen in der Ninive-Ebene zählen zu den wenigen, die noch Aramäisch sprechen, die Sprache Jesu.

Mit dem irakischen Christentum verschwanden nicht nur die jahrhundertealten Traditionen, sondern auch die reiche Vielfalt der gelebten orientalischen Spiritualität. Die Chaldäer, denen auch Nafae Mayoma aus Batnaja angehört, die größte christliche Glaubensgemeinschaft im Irak, berühren durch die hingebungsvolle Musik ihrer Messen. Die Rum-Orthodoxen, eine weitere der zahlreichen christlichen Strömungen im Irak, zelebrieren ihren Gottesdienst wie eine therapeutische Erlösungsfeier, in der die Teilnehmer eingehüllt werden in orientalischen Prunk aus rotem Samt und goldenen Ikonen, heilsamen Düften und Chorgesängen. Gott diene hier dem Menschen, nicht andersherum, sagt einer ihrer Priester.

Mayoma erinnert sich genau an den Tag, an dem sein altes Leben vorbei war. Es war ein Donnerstagnachmittag im Juni 2004, erzählt er. ›Zahle 20 000 Dollar, oder dein Geschäft geht in die Luft‹, habe ein Mann am anderen Ende des Telefons zu Mayoma gesagt. Weil Mayoma Alkohol verkaufe, werde er, ein »Mudschahid«, ihn im Namen Gottes strafen.

Mayoma lebte damals in Bagdad. Sein Vater war schon in den Sechzigerjahren aus Batnaja in die Hauptstadt gekommen. Dort studierte Mayoma Bauingenieurwesen, er heiratete das schönste Mädchen seiner Clique, besaß einen Spirituosenladen.

Mayomas Stammkunden waren fast alle Muslime, so erinnert er sich. Am liebsten kauften sie Whisky, Marke Johnnie Walker, Tuborg-Bier und Ouzo 7, den Anisschnaps. Ausgewiesene Christenviertel gab es nicht in Bagdad. Unter der Diktatur Saddam Husseins konnten Christen und andere Minderheiten meist friedlich leben. Das änderte sich mit dem Krieg und dem Sturz des Regimes, Mayoma bekam es zu spüren.

Mayoma hatte Angst. Aber er wollte dem Erpresser auch kein Schutzgeld bezahlen. Nur was, wenn der Mann ihn erneut erpresste und dann mit dem Tod bedrohte? Mayoma verließ Bagdad gleich am folgenden Tag, so erzählt er es. Er packte die Familie ins Auto, sechs Kinder und seine Frau, und floh ins rund

400 Kilometer nördlich gelegene Batnaja, ein 6000-Seelen-Nest. Dort stand noch das alte Haus des Vaters. Vier Wochen später explodierte sein Spirituosengeschäft in Bagdad.

Der Diktator Saddam Hussein war vermutlich der grausamste Herrscher seiner Zeit, ein Sadist, ein Machtmensch. Er folterte und tötete jeden, der sich ihm entgegenstellte. Aber der Muslim Hussein hatte nichts gegen Alkohol, im Gegenteil, und auch nichts gegen Christen. Wer mitspielte nach seinen Regeln, dem ging es vergleichsweise gut.

Es gab christliche Ärzte, Architekten, Offiziere. Der Präsident gewährte den Christen zwar keinen besonderen Schutz, doch sie muckten nicht auf, und Saddam Hussein ließ sie leben.

Die politischen Arrangements zwischen den Glaubensgruppen und Ethnien im Nahen Osten sind bisweilen schwer verständlich. Nicht selten scheint nur die Wahl zwischen Pest und Cholera offenzustehen. So wie etwa auch in Syrien, wo Christen unter Assad relativ sicher leben konnten, aber durch den IS akut bedroht wurden. Wer die Vertriebenen aus dem Irak heute fragt, im Libanon, in Jordanien, im Norden Syriens, erhält stets die gleiche Antwort: Sie sahen keine Alternative, als unter Saddam gute Miene zum bösen Spiel zu machen.

Doch das meist friedliche Zusammenleben der Religionen hatte mit der Zerschlagung des irakischen Regimes ein Ende: Nun töteten Sunniten Schiiten und umgekehrt, und Muslime gingen auf Jesiden und Christen los. Anders als die Schiiten oder die Sunniten des IS formten die Christen im Irak nie eine wirklich schlagkräftige Miliz. »Die Christen blieben friedlich, und sie werden dafür geschlachtet wie die Schafe«, sagt Mayoma.

Er wollte sich nicht schlachten lassen. In Batnaja fühlte er sich anfangs sicher. Mayomas Kinder genossen das Landleben, die Weiten der Felder und Wiesen. Sie fanden neue Freunde in der Kirchengemeinde. Das Gotteshaus war, neben dem kleinen

Hospital, der Stolz der Gemeinde, gebaut vor 60 Jahren. Mayoma allerdings vermisste das quirlige Leben von Bagdad, die Cafés und Restaurants, den Esprit der Großstadt. Er schlug sich durch mit Gelegenheitsarbeiten als Buchhalter. Doch all das nahm er in Kauf für die Sicherheit der Familie.

Zehn Jahre lang ging es gut. Bis zum August 2014. Die Gerüchte verbreiteten sich schnell, als die Männer mit den langen Bärten und den Kalaschnikows die Ninive-Ebene erreichten. Wieder packte Mayoma das Auto, rettete die Kinder, seine Frau, ein paar Fotos. Andere hatten weniger Glück.

Einer von ihnen ist Ghanem Hermez Georgis, ein großer Mann mit quadratischem Gesicht und buschigen Brauen, 62. Seine Hände sind fleischig, die Stimme ist tief. Er war Fahrer der christlichen Gemeinde in Batnaja. Selbst jedoch besaß Georgis nie ein Auto. Deshalb blieb er mit der Familie zurück.

»Warum haut ihr ab? Warum lasst ihr uns allein?«, rief Georgis den eigentlich zu ihrem Schutz abgestellten Kämpfern der kurdischen Peschmerga zu in der Nacht des 6. August, so erzählt er es heute in Beirut; doch erst seien die Wachen und dann auch die Soldaten abgezogen. Später erfuhr er, dass der zuständige Peschmerga-Kommandeur seinen Truppen befohlen habe, sofort aus der Ninive-Ebene abzuziehen, aus allen zwölf Christendörfern. »Nicht eine Patrone haben sie verschossen zu unserer Verteidigung«, sagt Georgis, und sein dunkles Brummen lässt ahnen, dass dies nur das erste Detail einer Kette von Schicksalsschlägen ist.

Die IS-Kämpfer kamen in den Ort, riefen »Allahu akbar«, Gott ist groß, schalteten den Strom ab, kappten die Wasserleitungen, riegelten die Siedlung ab. 40 Menschen waren zurückgeblieben in Batnaja, Witwen, Alleinstehende, Behinderte und Georgis mit seiner Frau Messoun und den drei Kindern.

Einmal wagte sich Georgis hinaus. Er sah, wie die schwarze Fahne des IS auf dem Glockenturm der Kirche wehte. Zwei junge IS-Milizionäre stoppten ihn, sie trugen Gewehre in der Hand, Pistolen in den Brustholstern. »Werde Muslim, oder wir töten dich«, habe der eine gesagt, so erinnert sich Georgis. Er habe tief durchgeatmet, dann habe er zu sich selbst gesagt, dass er als Christ geboren sei und die Religion nicht wechseln werde, »innerlich erfüllt vom Heiligen Geist«, die Männer ließen ihn laufen.

Doch damit war es noch nicht vorbei: Ein alter Bekannter, nun ebenfalls mit dem langen Bart der IS-Anhänger, zwang die Familie ins Auto nach Mossul, erzählt Georgis. Beim Versuch, von dort nach Irakisch-Kurdistan weiterzufliehen, wurde er in ein IS-Gefängnis verschleppt, wieder versuchte man, ihn zur Konversion zu drängen. Geld, Schmuck, persönliche Gegenstände wurden den Flüchtenden abgenommen. Irgendwie schafften sie es am Ende doch alle nach Kirkuk. Geblieben war ihnen die Kleidung am Leib und die Adresse der einzigen Kirche im Ort. Ein Neffe in Australien schickte etwas Geld. So gelangten sie schließlich in den Libanon.

Georgis und seine Familie sind Menschen, die keiner will, ebenso wie Mayoma aus Batnaja. Offiziell gibt es sie auch gar nicht in Beirut, denn der Libanon kennt juristisch gesehen keine Flüchtlinge. Offizielle Flüchtlingslager für Iraker oder Syrer gibt es nicht, sie bewegen sich in einer rechtlichen Grauzone und können jederzeit des Landes verwiesen werden.

Die Erklärung dafür liegt in der Geschichte des Landes. Libanon war immer schon Drehkreuz für die Gestrandeten der Kriege in Nahost. Früher kamen die Palästinenser, jetzt die Syrer und die Iraker. Eine Bürde für ein so kleines Land. Wohl auch deshalb hat der Libanon die Genfer Flüchtlingskonvention bisher nicht unterzeichnet.

Für die christlichen Flüchtlinge aus dem Irak ist die Kirche der einzige Zufluchtsort. Im Gemeindehaus der Chaldäer werden medizinische Untersuchungen gemacht, Neuankömmlinge beraten, Kontakte vermittelt. Aber mehr kann die Kirche für die Menschen nicht tun. Wer von hier fortwill, muss sich mithilfe von Schleppern auf den Weg nach Europa machen oder sich beim Flüchtlingshilfswerk der Vereinten Nationen bewerben. Die Mitarbeiter versuchen, die Verzweifelten in andere Länder zu vermitteln.

Aber die Chancen sind nicht besonders groß, die Kontingente der offiziellen Aufnahmeprogramme sind begrenzt. Viele der christlichen Flüchtlinge wollen ohnehin nach Kanada, Australien oder in die USA, weil sie schon ein bisschen Englisch sprechen oder ein entfernter Verwandter dort lebt.

Georgis Frau Messoun sagt, sie weine jeden Abend, weil alles verloren ist. Es sei kein Leben hier, sagt sie und zeigt auf die beiden abgeschabten Sofas und das Plastiktischchen, auf dem sie Limonade serviert. Die 13-jährige Tochter hilft jetzt in einem Kosmetiksalon, der 16-jährige Sohn schleppt Kisten bei einem Obstgeschäft. Die Flüchtlinge arbeiten erheblich länger als die Libanesen, für viel weniger Geld.

Was die Asylsuchenden nicht wissen, ist, dass ausgerechnet ihre Kirchenoberen verhindern wollen, was sie so sehnlichst wünschen: ihre Weiterreise in den Westen. Christliche Führer der orientalischen Kirchen wollten den Trend unbedingt stoppen, dass »das Heilige Land von Christen geleert« wird, sagt Porphyrios Georgi, Dekan an der griechisch-orthodoxen Balamand-Universität im Nordwesten Libanons. Deshalb forderten sie Staat- und Regierungschefs in Europa und Übersee auf, keine Visa an Christen auszustellen, sagt der Dekan.

Darf man das – den Beraubten, Gedemütigten auch noch den Weg verstellen in eine womöglich bessere Zukunft? Ist es

Menschen wirklich zuzumuten, mit jenen leben zu müssen, die den Islamisten bei den Vertreibungen halfen? Dekan Georgi sitzt im Empfangsraum des Balamand-Klosters. Er ist umgeben von prächtigen Ikonen. Die Fenster geben den Blick frei über den Berg aufs Mittelmeer. Georgi ist Ende fünfzig, schwarze Soutane, grauer Vollbart. Er vertritt hier den Patriarchen von Antiochien, der im syrischen Damaskus residiert und dessen Bruder, Erzbischof von Aleppo, vom IS verschleppt wurde.

Georgi sagt, dass die Wunden der Bürgerkriege tief sind, dass sie nie wirklich heilen und leicht wieder aufreißen. Aber wie bei einem Kind, das Schmerz erlebt habe und dem die Eltern wieder auf die Füße helfen, sollten die Kirchenführer auch den Gläubigen erklären, »zweimal zu denken«, bevor sie dem Orient den Rücken kehren.

Über die Jahrhunderte hatten die Ostkirchen eine besondere Stellung innerhalb der muslimischen Mehrheitsgesellschaft. Ihre Schulen und Universitäten sind herausragend. Die Christen waren in dieser explosiven Region der Welt gefragt als Vermittler auch unter Muslimen. Der IS, sagt Dekan Georgi, sei »keine authentische Form des Islam«, er werde vergehen. Der Plan sei deshalb »hierzubleiben, in diesem Teil der Welt«.

Der Plan von Dalia al-Kashanna war, das Abitur zu machen, Ärztin zu werden. Da ging sie noch zur Schule, in die 9. Klasse, und lebte im Dorf Tal Kaif, in der Ninive-Ebene. Jetzt arbeitet Dalia als Verkäuferin in einem Bekleidungsgeschäft in Beirut, sie verkauft Pyjamas und Sportsachen, seit vier Jahren. Mit der Familie kam sie, wie so viele aus der Ninive-Ebene, in Sad al-Buschria unter, in einer kleinen Zweizimmerwohnung.

Dalia ist 21, sehr schmal und blass, Jeans, pinkes Poloshirt, pinke Fingernägel, das dunkle Haar hält sie am Hinterkopf mit einer pinken Spange zusammen. Wenn Dalia spricht, bilden sich hübsche Grübchen in den Wangen. Aber ihr Lachen ist verzagt geworden. Sie sagt, sie lebe jetzt von Tag zu Tag, warte darauf, hier rauszukommen. Als die Mitarbeiterin des Uno-Flüchtlingshilfswerks fragte, wohin sie auswandern wolle, antwortete Dalia: »Irgendwohin wäre toll.«

Dalia betet nach dem Aufstehen, vor dem Essen, bevor sie schläft. Wenn sie singt, glaubt Dalia, ihrem Gott am nächsten zu sein. Die zwei Chorproben für den Gottesdienst in der St.-Josefs-Kirche, donnerstags und sonntags, sind die freudigsten Momente ihrer Woche.

Auf dem Weg zur Kirche passiert man in den schmalen Straßen von Sad al-Buschria gleich mehrere Ikonen. Sie sind dekorativ in Glaskästen eingerahmt, mit Lichtern geschmückt. Dargestellt sind meist der maronitische Heilige Scharbel Machluf und die Muttergottes. Die Christen hier tragen Kreuze um den Hals und am Schlüsselbund, in ihren bescheidenen Wohnstuben sind Engel und Heiligenbilder häufig die einzige Dekoration. Das Bekenntnis ist im Alltag überall präsent. Im Libanon, wo im Parlament und in der Regierung ein strenger Proporz zwischen den Glaubensrichtungen gilt, können auch die irakischen Christen ihre Überzeugungen wieder offen zeigen.

Nafae Mayoma sitzt in seiner Wohnung im achten Stock auf dem Sofa. Er geht durch eine Reihe von Fotos, die sein verlorenes Leben zeigen, auf einer Party, in seinem Spirituosenladen in Bagdad, in Batnaja, dem Dorf seines Vaters. Dreimal sei er nun geflohen in den letzten 13 Jahren, sagt er, zuletzt aus Irakisch-Kurdistan in den Libanon, weil es dort kein geordnetes Leben gab für ihn und die Familie. Mayoma sagt, er wolle nicht mehr weglaufen. Er will endlich wieder irgendwo ankommen.

Das östliche Christentum

Neben der griechisch-orthodoxen Kirche, der Erbin des byzantinischen Reichskultes, finden sich im Nahen und Mittleren Osten etliche christliche Kirchen hohen Alters. Die ostsyrischen, darunter die chaldäische und die assyrische Kirche, spalteten sich 424 und 431 nach dem Konzil von Ephesus ab, ebenso die Nestorianer; die westsyrischen nach dem Konzil von Chalkedon 451. Anhänger des heiligen Maron, der um 500 lehrte, sonderten sich im 7. Jahrhundert in der maronitischen Kirche ab, die ebenfalls dem syrischen Ritus folgt und ihre Gottesdienste auf Altsyrisch oder Arabisch abhält, aber seit 1182 den römischen Papst anerkennt. Dagegen sind die orthodoxe Kirche von Antiochien und die seit 1724 von ihr abgespaltene melkitische Kirche in Syrien und dem Libanon dem byzantinischen Ritus verpflichtet. In der Nachfolge der Apostel sieht sich die armenische gregorianische Kirche, die auch in der heutigen Türkei und Nachbarregionen verbreitet ist. Mehrere Millionen Kopten, die meist in Ägypten ansässig sind, folgen einem sehr ähnlichen Ritus wie die syrisch-orthodoxe Kirche, aber in ihrer eigenen Sprache und unter einem eigenen Papst.

Gott, logisch erklärt

Passen Vernunft und Religion zusammen? Diese Frage tauchte massiv im Mittelalter auf. Die großen Denker der Scholastik gingen dem Problem wissenschaftlich auf den Grund.

Von Jan Puhl

So eine katholische Heiligsprechung ist eine komplizierte Sache, sie kann Jahrhunderte nach dem Ableben des Kandidaten in Anspruch nehmen. Doch als Thomas von Aquin am 18. Juli 1323 das Prädikat »heilig« verliehen wurde, war der »doctor angelicus«, der »engelsgleiche Doktor«, gerade einmal 50 Jahre verblichen.

Und noch etwas war ungewöhnlich: Der Hochschullehrer und Denker Thomas von Aquin wurde zu Lebzeiten nicht vom Volke verehrt, sondern war nur wenigen lateinkundigen Gebildeten bekannt. Anders als sonst von Heiligen verlangt, sind von dem Gelehrten aus Mittelitalien keine Wunder überliefert. Nicht einmal mit einem Märtyrertod konnte Thomas aufwarten. Johannes XXII. fand dennoch Gründe für die Heiligsprechung: Thomas habe so viele Wunder vollbracht, wie er Quaestiones gelöst habe, entschied der Papst in Avignon.

»Quaestiones«, Fragestellungen, waren so etwas wie die intellektuelle Währung des Hochmittelalters. Und Thomas war in dieser Hinsicht unbeschreiblich reich. Wie keiner vor ihm wusste er Antworten auf die zentrale theologische Frage seiner Epoche: Wie ließen sich die Worte der Bibel und die Lehren der Kirchenklassiker mit der Logik, dem rationalen Erkenntnisanspruch der antiken Denker vereinbaren?

Kürzer gesagt: Wie passten Augustinus und Aristoteles zusammen? Blieb der Glaube nur Glaube, oder ließ er sich wissenschaftlich untermauern?

Thomas war nicht der Erste und nicht der Einzige, der sich diesen Fragen widmete. Doch Thomas von Aquin war der prominenteste unter diesen später Scholastiker genannten Experten, die wie Domsteinmetze am theologisch-wissenschaftlichen Weltbild des Mittelalters arbeiteten.

Die Fachtheologen trafen sich an den neu entstehenden Domschulen. Sie lasen Bibeltexte, Heiligengeschichten, die Werke der Kirchenväter und die dogmatischen Handbücher. Und sie lasen auch die seit Kurzem wieder auf Latein zugänglichen griechischen Philosophen, allen voran Aristoteles. Wer mitdiskutieren wollte, musste strikten Regeln folgen. »Die Scholastik entwand das Denken des Mittelalters den Fesseln des magischen und symbolischen Weltbildes«, schreibt der Historiker Johannes Fried.

Doch diese neue Form des Denkens barg auch große Gefahren, vor allem für die Stellung von Kirche und Klerus, konnte doch der Einzug der Rationalität in den Glauben diesen auch demontieren.

Thomas von Aquin wird 1225 auf Schloss Roccasecca in Oberitalien geboren. Er kommt aus einer hochadeligen reichen Familie. Da Thomas noch etliche ältere Brüder hat, die eine militärische oder weltliche Laufbahn einschlagen, wird er bereits als Fünfjähriger in die Obhut des Klosters Monte Cassino gegeben. Er erweist sich als gelehriger Schüler und darf mit 14 Jahren an die Universität Neapel wechseln, wo er ein Studium generale absolviert.

In der Stadt am Fuß des Vesuv entdeckt er seine Berufung: Thomas möchte den Dominikanern, einem 1215 gegründeten Bettelorden, beitreten. Seine Familie ist entsetzt und schickt die Brüder, die den Abspenstigen festsetzen. Die allem weltlichen Besitz entsagenden Mönche sind damals eine Herausforderung für die Kirchenhierarchie und den eng mit ihr verflochtenen Adel. Denn sie stellen Prunk und Macht infrage.

Ohnehin sind die Zeiten unruhig. Die Mongolenstürme haben gezeigt, dass das Christentum verletzlich ist. Und die Kreuzzüge brachten Europa mit der islamischen Hochkultur in Berührung – bis dahin waren es vor allem muslimische Gelehrte, die die griechischen Denker übersetzt und kommentiert hatten.

Überall in Europa wachsen um die großen Kathedralen und Marktplätze herum Städte. Handwerker spezialisieren sich, Baumeister suchen nach naturwissenschaftlich begründeten Regeln für Statik und Architektur. Und den gelehrten Geistlichen zeigt sich immer klarer, dass Wissen präziser wird, wenn man nicht nur Überlieferung ex cathedra vermittelt, sondern Diskussionen zulässt. Argumente zählen plötzlich mehr als bloße Autorität.

Thomas spürt den Aufbruch. Selbst der Arrest im Elternhaus lässt ihn nicht schwanken: Er will Dominikaner sein und studieren. Schließlich lässt die Familie ihn gehen, nach Paris, wo er von 1245 bis 1248 bei Magister Albertus studiert. Albert, ein gebürtiger Schwabe, ist einer der führenden Köpfe der Scholastiker; Thomas wird sein bester Schüler werden.

Wer heute von Scholastik spricht, muss den negativen Beiklang überhören, den das Wort in der Reformationszeit bekam. Scholastik steht noch heute oft für Pedanterie und Blutleere und

Verbohrtheit, für endlose absurde Fragestellungen weltfremder Mönche.

Doch im hohen Mittelalter ging es um theologische Grundlagenforschung, um »Glauben, der nach Einsicht sucht«. Die gelehrten Gottesmänner hauchten dem Glauben neue rationale Kraft ein, sie verliehen der Theologie den Charakter einer Wissenschaft.

Geistige Anregung dazu kam aus der islamischen Welt – zum Beispiel von Abu al-Walid Mohammed Ibn Ruschd. Der andalusische Muslim hatte fast alle Werke des Aristoteles ausführlich kommentiert. Ibn Ruschds Werke gelangten nach Paris, Köln und in weitere intellektuelle Zentren, wo sie enorme Wirkung entfalteten. Fortan hieß Aristoteles oft einfach »der Philosoph« und Ibn Ruschd, besser bekannt unter dem Namen Averroës, »der Kommentator«. Mit Aristoteles und dessen logisch-metaphysischer Welterklärung öffneten sich die »Schleusen des Wissens«, schreibt Johannes Fried.

Ganz auf dem geistig Trockenen hatten die Theologen allerdings auch vor der Wiederentdeckung der antiken Denker nicht gearbeitet. »Die Vernunft muss Herr und Richter sein über alles, was im Menschen ist«, das hatte bereits Anselm von Canterbury im ausgehenden 11. Jahrhundert gefordert.

Auch Anselm kam aus einer norditalienischen Adelsfamilie. Im nordfranzösischen Le Bec war er 1060 Benediktiner geworden und später zum Erzbischof von Canterbury avanciert. Als Denker arbeitete er daran, Glauben und Ratio in Einklang zu bringen. Die Philosophie, sagte er, solle »Magd der Theologie« sein, also durch treue Dienste den Glauben stärken.

Berühmt ist sein Gottesbeweis, ein frühes Beispiel für die logischen Künste der Scholastik: Gott ist das vollkommenste Wesen; Größeres ist nicht denkbar. Aber etwas, das nicht nur gedacht wird, sondern auch real existiert, ist größer als etwas rein Geistiges. Gott muss also real sein, sonst wäre er nicht das vollkommenste Wesen – er muss einfach wirklicher sein als nur gedacht.

Entscheidend für das Mittelalter war, wie offen man nun theologische Fragen mit Vernunftmitteln anging. Logik und Metaphysik des Aristoteles trugen dazu erheblich bei. Zwar gab es mehrfach Versuche, Aristoteles als gotteslästerlich zu untersagen, doch die Fachtheologen ließen sich die Lektüre nicht mehr verbieten. Im Wettstreit von Beweis und Gegenbeweis schien man mehr an Wahrheit zu entdecken als im Nachbeten von Lehrsätzen.

»Sic et non« (»Ja und Nein«) – dieser Buchtitel war schon für Petrus Abaelardus, eine Generation jünger als Anselm, zum Programm geworden. Der streitbare Pariser Theologe eckte nicht nur wegen der Liebesaffäre mit seiner Schülerin Heloisa bei der konservativen Kirchenhierarchie an. In »Ja und Nein« listete er in 158 Abschnitten Widersprüche in den Schriften der alten Kirchenlehrer und in der Bibel auf – und wies gleichzeitig Wege, wie sie mit den Mitteln der vernünftigen Erörterung auszuräumen seien.

»Indem wir nämlich zweifeln, gelangen wir zur Untersuchung, und durch diese erfassen wir die Wahrheit«, heißt es im Prolog zu »Sic et non«.

Spätestens nach Abaelard bildete sich an Domschulen und Universitäten eine feste Methode heraus, Probleme abzuhandeln: Obenan steht die »Quaestio«, die Frage. Es folgen die sogenannten Obiectiones, Einwände. Der erste Einwand beginnt formelhaft mit der Wendung »videtur« – »es scheint«, dann werden die Argumente für diese Sicht aufgelistet. Nun folgt das »sed contra« – »aber andererseits«, also das, was dagegenspricht. In der abschließenden Antwort werden alle Argumente gegeneinander abgewogen, teils auch begründet widerlegt.

Die Gelehrten des Mittelalters waren zutiefst davon überzeugt, dass nach diesem Verfahren, das heißt also durch methodisch saubere Anwendung von Logik und Dialektik, hergeleitetes Wissen ein Höchstmaß an begrifflicher Präzision und Sicherheit gewährleiste.

Um 1248 gibt der gebürtige Schwabe Albert, schon zu Lebzeiten Albertus Magnus genannt, in dem international vernetzten Grüppchen hochgebildeter Männer den Ton an. Sein Werk umfasst heute mehr als 22000 Druckseiten zu fast allen intellektuellen Fragen, von der Biologie bis zum Bibelkommentar.

Ausführlich befasst er sich auch mit den Schriften anderer Religionen – den jüdischen Talmud etwa hält der Dominikaner für gotteslästerlich und will ihn deshalb verbrennen lassen.

Albert ist es, der entscheidend mitwirkt am Durchbruch des aristotelischen Denkens. In zahlreichen Kommentaren, aber auch mit seiner schieren Autorität in der Kirchenhierarchie fördert er den griechischen Denker. 1255 werden die Schriften des Aristoteles zur Pflichtlektüre der Studenten an der Sorbonne in Paris.

Es ist dann sein Schüler Thomas von Aquin, der Aristoteles und die christliche Überlieferung theologisch verschmilzt – mit ungeheurer Nachwirkung: Noch 1879 erklärt Papst Leo XIII. das Denken des Thomas per Enzyklika zur offiziellen Philosophie der katholischen Kirche.

Um seine vielen Schriften überhaupt zu Papier bringen zu können, soll Thomas bis zu vier Sekretären gleichzeitig diktiert haben. »Summa theologica« heißt sein Hauptwerk, es umfasst drei riesige Teile und wurde noch nicht einmal vollendet.

Im ersten Teil geht es – Quaestio für Quaestio, Unterfrage um Unterfrage – darum, wie Gott und seine Schöpfung durch Vernunft und Glauben erkannt werden. Der zweite handelt von sittlichen und ethischen Geboten, die dem Menschen ein gottgefälliges Leben ermöglichen sollen. Die »pars tertia« ist unter anderem der Kirche und ihren Sakramenten gewidmet.

Den Menschen sieht der Kirchenlehrer als ein Wesen, das in der Schöpfung zwischen den Engeln und Tieren angesiedelt ist. Er ist ein Vernunftwesen, dessen Seele auch nach dem Tod weiterbesteht. Ethisch habe sich der Mensch an die göttliche und die vernunftmäßige Ordnung zu halten, er möge sich in Mäßigung und Tapferkeit üben. Er soll an Gott glauben, auf Gott hoffen und Liebe zu Gott hegen.

Politisch plädiert Thomas für die Monarchie als beste Regierungsform. Der König soll Vertreter Gottes im Staate, aber den Priestern in Glaubensfragen untergeordnet sein. Ein Staat, der Religion und weltliche Herrschaft trennt, also auf rein säkularen Machtmitteln ruht, ist für den Universaltheologen wie für fast alle Denker seiner Zeit unvorstellbar. Und ebenfalls zeittypisch befürwortet der Aquinat, wie man ihn später auch nannte, die Todesstrafe für verstockte Ketzer.

Bei aller Anregung durch Aristoteles ist das Werk des Thomas schon in seinem Aufbau zutiefst religiös inspiriert. Jedes Element seines Denkens sei »innerlich auf Gott und auf das Wort Gottes bezogen«, schreibt der Thomas-Biograf Marie-Dominique Chenu; es sei geprägt von einem »Kraftstrom evangelischer Spiritualität«.

1274 stirbt Thomas von Aquin auf der Reise zum Zweiten Konzil von Lyon, er ist nicht einmal 50 Jahre alt geworden. Es war wohl eine Krankheit, kein ungewöhnlich früher Tod in der damaligen Zeit. Dennoch raunen Chronisten, der König oder einer seiner Gefolgsleute habe den Denker mit Gift beseitigen lassen. Diese Gerüchte dürfen wohl vor allem als Ausdruck der Bewunderung verstanden werden: So groß war die geistige Kraft, so gewaltig seine Ausstrahlung, dass sogar Fürsten ihn fürchteten.

Auch in Theologenkreisen wurde Thomas nicht nur bewundert; sein geballter Intellekt stieß auf Widerstand von unterschiedlichen Seiten. Da gab es konservative Geistliche wie den wortgewaltigen Bernhard von Clairvaux, die generell dagegen waren, sich Glaubensdingen mit rationalem Handwerkszeug zu nähern. Der Mensch sei zu gering, um Gottes Ordnung disputieren zu können. Die Anwendung weltlicher Rationalität werde früher oder später in Ketzerei münden.

Gelehrte wie Roger Bacon kritisierten hingegen schon im 13. Jahrhundert, die Scholastik sei theorielastig und neige dazu, sich in absurden Gedankenwelten zu verirren. Gerade in den Naturwissenschaften sei Fortschritt nicht allein gedanklich zu erreichen. Man müsse vielmehr Wissen aus Experimenten, Erfahrungen und Beobachtungen mit einbeziehen.

Daneben meldeten sich Radikale, denen Thomas in seiner Anwendung des Aristoteles nicht weit genug ging. Wilhelm von Ockham etwa, ein englischer Theologe, kam beim Studium des Aristoteles zu der Erkenntnis, dass Vernunftwissenschaft, also Philosophie, und Offenbarung eben nicht vereinbar seien. Gottes Dasein könne nicht bewiesen, sondern bestenfalls durch Analogieschlüsse plausibel gemacht werden. Argumente wie dieses brachten Ockham in scharfen Gegensatz zur Amtskirche.

Der Franziskaner gilt übrigens als das historische Vorbild für Wilhelm von Baskerville aus dem Roman »Der Name der Rose«. Dort ist er ein tiefgläubiger Mann, der sich nicht von hergebrachten Dogmen und Autoritäten einschüchtern lässt. Leidenschaftlich diskutiert er die Frage, ob Christus die Kleider, die er am Leib trug, auch besaß. Solche sehr abseitig anmutenden Fragestellungen waren es, wofür die Scholastiker später ausgelacht wurden.

Der echte Wilhelm von Ockham bezog im Streit darum, ob Mönche Besitz haben dürfen, ebenfalls eine radikale Position.

Bis zu seinem Tod 1347 musste er in München bei Ludwig dem Bayern Schutz suchen – weil der Papst ihn wegen unzähliger angeblich häretischer Lehrsätze hatte exkommunizieren lassen. Die höchste Kirchenstrafe kam von Johannes XXII., demselben Pontifex, der den Oberscholastiker Thomas von Aquin 1323 heiliggesprochen hatte.

Im Verfolgungswahn

Glaubensabweichler galten seit dem Mittelalter als Häretiker. Nach solchen Abtrünnigen fahndete die Inquisition. Zehntausende endeten auf dem Scheiterhaufen. Die gesellschaftlichen Folgen wirken noch immer nach.

Von Nils Klawitter

Der Lehrer Cayetano Ripoll war 46 Jahre alt, als sie ihn verhafteten. Zwei Jahre lang saß er in einem Gefängnis in Valencia, am 31. Juli 1826 hängten sie ihn und verbrannten seine Leiche öffentlich. Ripoll, so hält seine Todesakte fest, sei warmherzig gewesen, ein Vorbild an Bescheidenheit. Doch er schien auch bedrohlich: Seine Schüler erzog er undogmatisch. Weder mussten sie vor dem Altar niederknien noch sich vor jedem heiligen Symbol bekreuzigen.

Bald galt Ripoll als Freidenker und Protestant. Im Spanien des 19. Jahrhunderts war das lebensgefährlich. Nachbarn denunzierten ihn bei der Glaubenskongregation der Stadt. Als er nicht widerrufen wollte, kam der Henker.

Cayetano Ripoll war der letzte Tote der Inquisition. Das letzte Opfer eines christlichen Gesinnungsterrors, der fast 600 Jahre lang eine Blutspur durch Europa zog.

Es ist die Angst vor Abweichlern in den eigenen Reihen, die Papst und Bischöfe Mitte des 13. Jahrhunderts eine Hatz auf sogenannte Häretiker einläuten ließ, auf Menschen also, die verdächtig waren, nicht dem von Rom vorgegebenen Glaubenskurs zu folgen. Die Kirchenoberen hätten die »Gleichmäßigkeit im Glauben zu erzwingen« versucht, schrieb bereits der amerikanische Historiker Henry Charles Lea in seinem bahnbrechenden Werk über die Inquisition des Mittelalters, das 1887 erschien.

Über 100 000 Menschen wurden gefoltert oder als Ketzer oder Hexen verbrannt. Allein in Spanien gab es zwischen 1480 und 1530 bis zu 12 000 Todesopfer.

Jedem, vom Kaiser bis zum niederen Bauern, legte die Kirche »die Pflicht zur Verfolgung auf«, so Lea. Sogar Kinder wurden Verhören unterzogen. Der Traditionskern der Spitzelei für KGB, Gestapo oder Stasi – für viele Historiker liegt er in dieser jahrhundertelangen Erziehung zur Denunziation.

Dabei war die Dialektik der Kirche beachtlich: Man schärfte allen Christen ein, die höchste Pflicht sei es, Ketzer auszurotten – beharrte aber spitzfindig darauf, sich selbst nicht die Hände blutig gemacht zu haben: Die Scheiterhaufen anzuzünden, das überließ man den weltlichen Handlangern. Mehr noch: Kurz vor den Zündeleien setzte man sich sogar als Trostspender der Opfer in Szene.

Im Fadenkreuz der Glaubenswächter standen Abweichler in den eigenen Reihen, denn nur Christen konnten abtrünnig werden. Oft traf es die besonders Eifrigen, Fundamentalisten wie die Waldenser etwa, die Laien predigen ließen und in Askese lebten. Die mächtigste Häretikerbewegung in Westeuropa war die der Katharer (griech. »katharos» bedeutet »rein«), aus deren Namen der Sammelbegriff Ketzer entstand. Sie selbst sahen sich als besitzlose »Arme Christi«, verfolgten eine radikale Bußethik und hingen einer dualistischen Weltordnung an, in der Gott und Satan in ständiger Konkurrenz stehen. Albigenser wurde die Bewegung auch genannt, nach ihrer Hochburg Albi im Süden Frankreichs.

Weltlichen und kirchlichen Herrschern waren diese Überfrommen ein Dorn im Auge. 1209 rief Papst Innozenz III. den französischen König und die Bischöfe zum Kreuzzug gegen die Albigenser auf. Allein in Béziers massakrierten Kreuzritter 20 000 Männer, Frauen und Kinder, praktisch die gesamte Bevölkerung. Auf die Frage der Ritter, wie denn die Ketzer zu erkennen seien, soll ihnen der päpstliche Gesandte geantwortet haben: »Tötet sie! Gott kennt die Seinen schon.«

Im Jahr 1224 segnete Kaiser Friedrich II. die Brutalität mit den ersten weltlichen Ketzergesetzen ab: Vom Bischof verurteilte Ketzer sollten an die lokalen Gewalten überstellt und mit kaiserlicher Autorität verbrannt werden. Es war die Blaupause für eine jahrhundertelange Terrorkooperation zwischen Staat und Kirche, die rasch institutionalisiert wurde: 1231 richtete Papst Gregor IX. die Inquisition als päpstliche Behörde ein; 1252 gestattete Innozenz IV. die Folter.

In jedem Ort sollten nun Suchtrupps aus Priestern und Laien nach Ketzern fahnden. Päpstliche Legaten schwirrten bald durch halb Europa. Eine besondere Rolle fiel den Dominikanern zu: Die Mönche wurden zu Organisatoren der flächendeckenden Schnüffelei, zu Ermittlern und Sonderrichtern in einem.

Als »Versuchslabor der Inquisition«, so nennt es der Historiker Gerd Schwerhoff, diente das vermeintliche Ketzerdreieck Albi, Carcassonne, Toulouse. Hier machten sich Dominikaner sogar daran, angebliche Häretiker zu exhumieren, um die Leichen rituell zu bestrafen.

Doch nicht überall war die kirchliche Macht so erfolgreich. Gerade in der Frühzeit der Inquisition trafen die Glaubenswächter in vielen Orten auf Widerstand, mitunter wurden Emissäre verprügelt oder getötet. Erfolg hatte die Kirche nur dort, wo sie mit den weltlichen Obrigkeiten kooperierte und von der Bevölkerung unterstützt wurde.

Regional war die Glaubensüberwachung deshalb sehr unterschiedlich ausgeprägt. Viele Teile Europas blieben von der päpstlichen Inquisition verschont, wie England, obgleich dort die Lollarden die Kirchenhierarchie infrage stellten.

Und während die katholische Kirche in Norditalien trotz heftiger Widerstände sogar Ketzerverbrennungen in Arenen wie der von Verona durchsetzen konnte, spielte die Inquisition im deutschsprachigen Teil des Heiligen Römischen Reiches nördlich der Alpen kaum eine Rolle.

Das lag auch an der territorialen Zersplitterung des Reiches und der unterschiedlich ausgeprägten Kirchenhörigkeit. Wie zäh eine Verfolgung werden konnte, zeigte sich bereits 1221. Damals versuchte Bischof Konrad von Hildesheim, den schon länger häresieverdächtigen Goslarer Probst Heinrich Minneke der Ketzerei zu überführen. Der Angeschuldigte wehrte sich jedoch und erhob sogar, wie damalige Chroniken festhalten, Einspruch beim Papst. Obwohl Minneke schon relativ früh im Kerker landete und später verbrannt wurde, deutete sich – so absurd es wirken mag – eine gewisse formale Fairness des Verfahrens an: Mehrfach wurde Minneke angehört, das Prozedere dauerte Jahre und ging durch mehrere Instanzen.

Knapp 200 Jahre später erlebten die Menschen von Konstanz dann freilich eine der hinterlistigsten Hinrichtungen überhaupt: Während des dortigen Konzils wurde der böhmische Reformator Jan Hus verbrannt. Das freie Geleit, das ihm König Sigismund zunächst zugesichert hatte, ignorierten die für den Schuldspruch zuständigen Bischöfe und auch der König selbst.

Derartige Willkür blieb im Reich allerdings eine Ausnahme. Im Jahr 1509 ging der Kölner Inquisitor Jacob von Hochstraten

INDEX
ET CATALOGVS
Librorum prohibitorum, mandato Illuſtriſs. ac
Reuerẽdiſs. D. D. GASPARIS A QVIROGA,
Cardinalis Archiepiſcopi Toletani, ac in regnis
Hiſpaniarum Generalis Inquiſitoris,
denuò editus.
CVM CONSILIO SVPREMI
Senatus Sanctæ Generalis Inquiſitionis.
MADRITI
Apud Alphonſum Gomezium Regium Typographum,
Anno, M.D.LXXXIII.
Taſſado a cinco marauedis el pliego.

»Index der verbotenen Bücher« der Spanischen Inquisition, im Auftrag des Kardinals von Toledo, 1583

zwar noch gegen den Humanisten Johannes Reuchlin vor. Der Bischof von Speyer sprach Reuchlin allerdings frei und legte dem Inquisitor die Kosten des Verfahrens auf. Im Schatten des aufstrebenden Luthertums erreichten die Dominikaner später zwar noch eine Verurteilung, die aber wirkungslos blieb.

Auch wegen der bald immer stärker formalisierten »Ketzerprozesse« halten einige Historiker wie Gerd Schwerhoff die Inquisition für ein mittelalterliches »Modernisierungsphänomen«. Während zuvor meist nur mündlich gesprochenes Recht galt, etablierten sich nun strafprozessuale Instrumente, die sich bis heute gehalten haben: Die Untersuchung wurde verschriftlicht, es gab Zeugen und die – wenn auch kleine – Chance des Freispruchs.

Es waren die von Martin Luther angestoßene Reformation und ihre – dank des Buchdrucks – raschen Erfolge, die Papst Paul III. zum Umdenken zwangen: Nun war es kaum noch möglich, allen Abweichlern den Prozess zu machen. Der Papst zentralisierte die Inquisitionsbehörde ab 1542 in Rom. Statt auf Scheiterhaufen setzten die Glaubenswächter fortan auf Kommunikationskontrolle: Im Jahr 1559 veröffentlichten sie den »Index der verbotenen Bücher«, also jener Schriften, deren Besitz Katholiken untersagt war. Bis ins 20. Jahrhundert wurde er regelmäßig aktualisiert.

Doch nicht nur die Reformation setzte der römischen Kirche zu. Auch die aufkeimenden Naturwissenschaften ließen ihre Autorität wanken; sie setzten dem Glauben eigene, wissenschaftliche Wahrheiten entgegen. Anfangs versuchte die Kirche noch, den Wandel abzuwehren: So musste der Astronom Galileo Galilei (1564 bis 1642) seine Feststellung widerrufen, dass sich die Erde um die Sonne dreht. 1633 wurde er unter Arrest gestellt.

Auch Todesurteile gegen Ketzer wurden nach der Reformation noch verhängt: Im Februar 1600 wurde auf dem Campo de' Fiori in Rom Giordano Bruno verbrannt, der am christlichen Trinitätsglauben gezweifelt haben soll. Selbst auf dem Scheiterhaufen schien der Denker den Inquisitoren offenbar noch so gefährlich, dass ihm die Zunge festgebunden worden sein soll, damit er nicht zum Volk sprechen konnte.

Eine Grausamkeit ließen die von Rom aus agierenden Inquisitoren aus: die Hexenverfolgung. Vielerorts in Europa allerdings wütete der Wahn: Etwa 50 000 Menschen, die Hälfte davon in Deutschland, fielen in der Zeit zwischen dem 15. und 18. Jahrhundert den Verfolgungen zum Opfer. Kirche und Glaubenswächter fand man zwar oft an vorderster Front der Hetzer; weltliche Gerichte oder Fürsten kleiner Territorien jedoch waren es, die die Todesurteile sprachen.

Auch Protestanten wurden zu eifrigen Hexenjägern. Es sei ein »überaus gerechtes Gesetz, dass die Zauberinnen getötet werden«, fand etwa Martin Luther. Noch 1775 wurde Anna Maria Schwegelin, eine Dienstmagd, in Kempten wegen Hexerei zum Tode verurteilt.

Ein Sonderfall war Spanien, wo noch im 19. Jahrhundert das letzte Opfer zu verzeichnen war. Hier zeigten sich die Inquisitoren seit dem ausgehenden 15. Jahrhundert besonders grausam – und die Spanische Inquisition blieb unabhängig von Rom. Ins Visier gerieten hier allerdings nicht Hexen oder Katharer, sondern einheimische Juden und Muslime, die zum Christentum konvertiert waren. Auf ihnen lag der Verdacht, weiter der alten Lehre anzuhängen.

So zynisch es klingt: Auch in Spanien spielte die Inquisition eine Rolle im modernen Staatsbildungsprozess. 1469 vereinigte die Heirat Ferdinands von Aragón mit Isabella von Kastilien die beiden bisher unabhängigen Königreiche Aragón und Kastilien. »Die Religion fungierte dabei sowohl als ideologische Klammer des katholischen Königtums als auch als Instrument zur brutalen Ausgrenzung«, sagt Andreas Holzem, Kirchenhistoriker an der Universität Tübingen. Nirgendwo gab es mehr Gesinnungsterror und Glaubensopfer als in Spanien.

Im Hintergrund stand ein Elitenstreit: Am Königshof hatte sich eine neue Schicht aus ehemals jüdischen und muslimischen Beamten etabliert, die die alten Eliten um Einfluss fürchten ließ. Wie in früheren Pogromzeiten wurden die Neuen verleumdet: Wieder sollte die Reinheit des Blutes entscheiden, wer ein wahrer Christ war. Zentrale Rolle bei der Verfolgung spielen auch hier die Dominikaner als geistliche Sturmabteilung der Inquisition.

Trotz zaghafter Widerstände aus Rom erlebt Spanien eine rasche Radikalisierung. Im Jahr 1488 wurde ein Generalinquisitor für ganz Spanien zuständig. Er stand unter Kontrolle der spanischen Könige, die auch die Inquisitoren ernannten.

Zum ersten öffentlichen »Autodafé« (Glaubensgericht) war es in Sevilla bereits drei Jahre zuvor gekommen. Um eine möglichst große disziplinarische Wirkung zu erzielen, wurden solche Hinrichtungen öffentlich inszeniert. Bisweilen kamen mehrere Zehntausend Zuschauer zu diesen Spektakeln, in Valladolid sollen es im Jahr 1559 sogar 200 000 gewesen sein. Viele Hundert Abweichler wurden in den Folgejahren Opfer dieser Schmähungsschauen.

Doch es gibt den Verdacht, dass es bei der Menschenjagd nicht allein um Glaubensfragen ging. Könnte es sein, dass die Inquisition sich durch Strafgelder selbst alimentierte und deshalb ein starkes Verfolgungsinteresse besaß? Unter Historikern ist dieser Punkt strittig; der Inquisitionsspezialist Schwerhoff hält den Eindruck zumindest für plausibel. Dafür spreche, dass es die Häscher oft auf reiche Familien abgesehen hatten. Allerdings ging auch ein schwer zu bestimmender Anteil der Beute an das Königshaus.

Auch der lange andauernde Verfolgungswahn in Spanien stützt die These vom finanziellen Interesse. »Irgendwann ging der Inquisition dann die Kundschaft aus«, sagt der Historiker Holzem, so recht habe sich aber niemand durchringen können, sie abzuschaffen.

Im Jahr 1813 hob das Parlament zwar die Inquisitionstribunale auf, doch bereits ein Jahr später setzte König Ferdinand VII. sie wieder ein. Bis Papst Pius VIII. die unabhängige spanische Inquisition 1829 beendete, bestand sie mancherorts als eine Art Sittenpolizei weiter. Jeder konnte seinen Nachbarn anschwärzen. Im Fall des Lehrers Cayetano Ripoll endete das Petzen tödlich. Heute erinnert in Valencia ein schmuckloser Platz zwischen Hochhäusern und einem Carrefour-Markt an ihn.

Es hat lange gedauert, bis sich die katholische Kirche der brutalen Epoche der Inquisition gestellt hat. Im Jahr 2000 legte Papst Johannes Paul II. ein öffentliches Schuldbekenntnis ab für die von Kirchenvertretern verübte Gewalt.

Spanien hingegen bleibt ein Sonderfall. Bis heute ist dort Andersgläubigen der »Respekt vor der katholischen Religion« gesetzlich vorgeschrieben.

»Verblüffende Doppelgesichtigkeit«

Anfangs waren die Anhänger Jesu Staatsfeinde, später mischten die Päpste persönlich in der Politik mit: Der Tübinger Kirchenhistoriker Volker Leppin erklärt, wie sich das Verhältnis zwischen Christentum und weltlicher Obrigkeit über die Jahrhunderte hinweg veränderte.

Das Gespräch führte Johannes Saltzwedel.

SPIEGEL: Professor Leppin, wie mächtig sind Christentum und Kirche heute?

Leppin: Das ist weltweit sehr verschieden. In Europa haben katholische wie protestantische Kirche rapide an Einfluss verloren. Anderswo, etwa in Lateinamerika, wirkt die katholische Kirche nach wie vor sehr bestimmend. Und das öffentliche Leben in den USA ist stark christlich-religiös geprägt – allerdings konfessionell erheblich bunter als hierzulande.

Sie sprechen jetzt vom öffentlichen Einfluss?

Ja, von der institutionellen Macht. Der spirituell-mentale ist sicher schwerer fassbar. In Europa sehe ich freilich auch dort einen klaren Rückgang. Zum Beispiel haben konfessionelle Bindungen praktisch keinen Einfluss mehr auf Wahlentscheidungen wie kürzlich die Bundestagswahl. Und auch die Kirchen selbst haben sich stark verändert. Eine »Ehe für alle« hätte in den Sechzigerjahren sicher auch die evangelische Kirche eindeutig abgelehnt; die katholische sowieso.

Jesus erklärt: »Mein Reich ist nicht von dieser Welt.« Hat der Machtverlust der Kirchen vielleicht sogar etwas Gutes?
In jedem Vaterunser erklingt die Bitte: »Dein Reich komme« – also kann es nicht von dieser Welt sein. Es ist immer gut, sich daran zu erinnern. Die ersten Christen standen in doppelter Weise den Eliten fern: sowohl den römischen Machthabern wie den jüdischen Hohepriestern am Tempel. Insofern hielt sich die »Jesus-Bewegung«, wie der Neutestamentler Gerd Theißen sie nennt, zunächst abseits der Macht. Aber schon bald gab es – durchaus notwendige – erste Arrangements.

Wo?
Es ist ein Indiz, wenn der Apostel Paulus fordert, jeder solle sich der Obrigkeit fügen. Die Ausbreitung des Christentums rund um das Mittelmeer wäre ohne die Infrastruktur des Römischen Reiches nicht denkbar.

Blieben die Christen nicht trotzdem Dissidenten?
Natürlich. Das Kernereignis ihres Glaubens war eine Hinrichtung durch die Obrigkeit. Sicher, es gibt auch die Geschichte, wie Jesus ein Steuergroschen gezeigt wird und er sagt: »Gebt dem Kaiser, was des Kaisers ist.« Sie zeigt, dass er nicht politischer Revolutio-

Volker Leppin lehrt Kirchengeschichte an der Universität Tübingen. Er erforscht vor allem das Mittelalter und die Reformationszeit, 2016 erschien sein Buch »Die fremde Reformation. Luthers mystische Wurzeln« (Verlag C.H. Beck, München).

när, sondern mehr sein wollte. Ein »Reich nicht von dieser Welt« war aber ohnehin schon eminent politisch: Christen lehnten es ab, den Kaiser anzubeten.

Hat sich mit Paulus das Verhältnis des Christentums zur Macht entscheidend verändert? Oder justierte er nur Weichen auf einem Kurs, der feststand?

Weder noch. Von der Denkweise, dass Paulus das Christentum quasi neu begründet haben soll, sind wir abgekommen. Er war nur einer von etlichen Repräsentanten des frühen Christentums – der, über den wir am meisten wissen. In Korinth gab es offenbar auch Anhänger eines Apollo, von dem dann später keiner mehr sprach. Es gab tatsächlich vielerlei Missionsströme. So kennen wir neuerdings aus Papyrusfunden ägyptische Christen, die häufig gnostischer dachten als Paulus: Sie erwarteten kein baldiges Weltende, sondern stellten ganz die individuelle Erlösung jetzt und hier in den Mittelpunkt. Die meisten Christengruppen verbindet, dass sie ihren Frieden mit der Obrigkeit durch den Rückzug ins Private machten.

Knüpften die Apostel an vorhandene jüdische Glaubenstraditionen an?

Die Grundlagen des Christentums lagen im Judentum – die Vorstellung eines Messias, eines Christus, war ohne das Judentum ja gar nicht denkbar. Schon im Judentum wurden gängige philosophische Lehren aufgenommen, das setzte das Christentum fort. Und dann bemühte man sich zu erklären, warum man über das Judentum hinausgehen musste, wie man schon an Lukas, dem Autor der Apostelgeschichte, sehen kann. Er will zeigen, dass der Jude Paulus, weil er in der Synagoge ungehört blieb, weiter gehen musste, also griechisch Gebildete zu bekehren versuchte. Unter denen konnte das Christentum dann gerade wegen seiner

Nähe zum Judentum sehr erfolgreich missionieren, weil diesen Gebildeten die überkommene Vielgötterei oft schon selbst suspekt war.

So zerstreut die Gemeinden waren: Es entstanden Netzwerke, die sich allmählich zur Kirche formierten. War es diese Strukturierung, die dem Christentum zu überleben half?
Es dauerte recht lange, bis sich ein überregionales Zusammengehörigkeitsgefühl bildete. Schon vor Ort war das nicht einfach. Man muss es sich vorstellen wie den Übergang von einer lockeren Interessengruppe oder Bürgerinitiative zum Verein: Jemand beginnt die Akten zu führen, jemand schreibt die wichtigen Briefe und so weiter. Am Ende des Römerbriefs zählt Paulus in einer langen Liste sein Netzwerk auf. Bischöfe konnte es erst auf einer einigermaßen entwickelten Basis geben, mächtige Bischöfe noch später.

Entstand die kirchliche Hierarchie parallel zum Staat?
Eher im Konflikt mit ihm. Bischöfe werden mächtig zur Zeit der Christenverfolgungen: Ihnen folgt man, sie gewähren Schutz – oft können sie das deswegen, weil sie aus vermögenden Kreisen kommen. Manche brauchen zur Gemeindeleitung gar nicht anwesend zu sein: Cyprian von Karthago etwa lenkte 250/51 während der Verfolgung die Gemeinde von seinem Landgut aus.

Die römische Obrigkeit sah das als ferngesteuerten Landesverrat?
Der Vorwurf lautete fast immer: Leugnung der offiziellen Götter. Christen waren Widerständler.

Im 4. Jahrhundert aber kippte dieses Urteil. Erst wurde das Christentum anerkannt, dann sogar Staatsreligion. Was war da los? Knickte Rom ein?

Zumindest merkte das mächtige Kaiserreich: Wir können uns nicht mehr behaupten ohne und gegen das Christentum. Die Kirche hatte durchgehalten. Die tiefere christliche Durchdringung des Reiches brauchte dann natürlich noch sehr lange.

Gab es eine Wende, von der an es bequemer, klüger und ehrenvoller war, Christ zu werden?
Ein Datum ist nicht anzugeben. Die Bedingungen wandelten sich sehr langsam; nach und nach wurde es immer selbstverständlicher, Christ zu sein.

Aber wie traf man seine Entscheidung?
Wir haben ja die berühmten »Bekenntnisse« des Augustinus: Man staunt, was dieser hochgebildete Römer aus Nordafrika alles ausprobiert hat, bis er beim Christentum seine Ruhe findet. Selbst unter christlichem Vorzeichen durchläuft er dann noch mehrere Denkstadien. Für Menschen seiner Stellung war die religiöse Haltung also wohl oft etwas sehr Individuelles.

Und Ärmere, weniger Gebildete?
Auf den Landgütern überlagerte und verdrängte das Christentum nach und nach den Kult der Hausgötter – darauf deuten jedenfalls archäologische Funde.

Wurden antike Götter und Christus auch parallel verehrt oder ließen die Menschen ihre alten Überzeugungen sofort hinter sich?
Der Synkretismus ist Normalfall des Christentums.

Der Normalfall? Meinen Sie das ernst?
Allerdings, auch später. Als Kirchenhistoriker versuche ich doch, frühere Realitäten zu verstehen. Und es gibt kein Christentum ohne Zeitkontext. Immer sucht man in der Bibel nach Hilfe für

die jeweilige Gegenwart, immer manifestiert sich im Christentum nur ein Ausschnitt des spirituellen Lebens.

Hat die Kirche sich der Struktur des Römischen Reiches angepasst?
Sie hat sich parallel zu ihr entwickelt; das kam ihr dann in der sogenannten Völkerwanderungszeit zugute. Als der Staat zerfiel, wurden manche Bischöfe zu Garanten der Ordnung. Spannend wird das außerhalb der Reichsgrenzen. Ansgar, der im 9. Jahrhundert als Missionserzbischof im Norden auftrat und zeitweise in der Hammaburg saß, befand sich ziemlich allein im dünn besiedelten Land. Seine Lage war völlig anders als die eines Bischofs in Kleinasien oder Mittelitalien, wo nach römischem Vorbild jede Stadt ihr Oberhaupt hatte. Bischöfe wurden zu regionalen Kirchenfürsten vor allem durch die Ausdehnung des Christentums über das Imperium hinaus.

Wie gingen die bischöflichen Missionare vor?
Sie reisten mit einem Team an – oft sollen es zwölf Getreue gewesen sein, aber das sind natürlich Konstruktionen nach dem biblischen Vorbild der Jünger. Sie wandten sich dann meist an die führenden Figuren vor Ort, lokale Fürsten oder Machthaber.

Etliche der mittelalterlichen Missionare kommen aus dem Mönchtum; es sind Klosterbrüder im Auftrag der Römischen Kirche. Aber war das Mönchtum nicht als asketische Reformbewegung gegen den allzu hierarchisierten Klerus entstanden?
Das Mönchtum zeigt sich tatsächlich zwischen der engen Bindung von politischer Macht und Kirchenmacht immer auch als Widerhaken. Klöster schützen gerade in Zeiten schwacher Zentralmächte die Kultur – zum Beispiel im Merowingerreich des 7. Jahrhunderts. Im Mönchtum – das muss auch ich als evangelischer Theologe feststellen – beweist das Christentum immer

wieder, wie unabhängig von einer weltlichen Obrigkeit es existieren kann.

Klösterliche Inseln des Glaubens in barbarisch wilder Umwelt?
So wird es gern dargestellt. Benedikts Ordensregel zählt erst einmal die schlimmen Zustände der Welt ringsum auf, ja. Aber im Frühmittelalter und noch lange später gab es eben weit weniger Kontrolle als heute. Wo niemand herrschte, war Anarchie im wahrsten Sinne des Wortes – als Herrschaftsfreiheit, nicht unbedingt als Chaos – der Normalfall. Klöster schufen also zivilisatorische Ordnung, ähnlich wie Landgüter. Und als dann später Orden entstanden, schlugen diese Bindungen überregionale Brücken.

Bis sich schließlich regelrechte Ordensstaaten bildeten – eine natürliche Entwicklung?
Man könnte die Geschichte des Mönchtums als permanente Kritik am Mönchtum darstellen. Neue Orden entstehen ja vor allem, weil der Gründer mit den bisherigen unzufrieden ist. Cluny im 10. Jahrhundert, die Zisterzienser im 11. und 12., Franz von Assisi und sein neuer Bettelorden Anfang des 13. Jahrhunderts: Jedes Mal protestiert man gegen die Verweltlichung der Kirche.

Auch gegen den Staat?
Auch – aber gerade an Franziskus, dem reichen Kaufmannssohn, der zum totalen Aussteiger wird, zeigt sich eine verblüffende Doppelgesichtigkeit: Er verbündet sich ausgerechnet mit Innozenz III., dem mächtigsten Papst der Kirchengeschichte. Man sieht eine ähnliche Ambivalenz auch an den Ritterorden der Kreuzzugsepoche, die weit stärker als zuvor weltliche Standesvorstellungen in die geistliche Sphäre hineintragen.

Zu dieser Zeit, um 1200, fanden die ersten großen Ketzerverfolgungen statt. Militärische Gewalt gegen Andersdenkende – maßte sich die Kirche da weltliche Eingriffsrechte an?
Ketzer zu verfolgen oder nicht ist am Ende eine Machtentscheidung. Aber die mittelalterliche Kirche hat sich im Einzelfall auch große Mühe gegeben herauszufinden, ob das Denken des Beschuldigten wirklich häretisch war – zum Beispiel im Verfahren gegen den Theologen und Philosophen William von Ockham im 14. Jahrhundert.

Dennoch: Ketzerverfolgung wurde immer systematischer und fand zunehmend auch im staatlichen Interesse statt, bis hin zur Reformation und weiter. Woran liegt das?
Es zeigt den Wandel von mittelalterlicher zu frühneuzeitlicher Umgangsweise. Im Mittelalter gab es große Freiräume; Verfolgung fand nur statt, wenn es irgendwie zu Störungen oder Konflikten gekommen war. Der Stauferkaiser Friedrich II. galt selbst zeitweise als Ketzer, hat aber auch in seinem Liber Augustalis klare Vorschriften zur Ketzerverfolgung gegeben.

Was änderte sich dann?
Wir finden später ein viel höheres Maß an Verdichtung, auch an öffentlicher Kontrolle. Die Konfessionen schließen den eigenen Raum ab und beginnen, Gesinnungen zu kontrollieren. Das stabilisierte die politische Macht, geschah aber sicher auch aus Überzeugung.

Wann beginnt denn für Sie die Frühe Neuzeit?
Wenn ich es festlegen sollte: im Jahr 1555.

So spät, gegen Ende der Reformationszeit, mit dem Augsburger Religionsfrieden? Zählt Luther noch zum Mittelalter?

Na ja, 1555 ist natürlich ein Symboldatum. Niemand schläft im Mittelalter ein und wacht in der Neuzeit auf – gemeint ist: Schon das späte Mittelalter weist eine Fülle von Spannungen auf, etwa zwischen innerlicher und äußerlicher Frömmigkeit oder zwischen zentralen, am Papst orientierten Modellen der Kirchenleitung und sehr viel dezentraleren, oder zwischen Laien und Klerikern. Luther kam aus der innerlichen Frömmigkeit und stärkte die laikalen Kräfte ebenso wie die dezentralen. Erst der Augsburger Religionsfrieden hat 1555 daraus die rechtlichen und institutionellen Konsequenzen gezogen, dass unterschiedliche Kirchenstrukturen im Reich nebeneinander akzeptiert wurden.

Dass auch mit dem Augsburger Religionsfrieden noch keineswegs Ruhe einkehrte, zeigt sich dann ja drastisch im Dreißigjährigen Krieg von 1618 bis 1648, in dem Protestanten gegen Katholiken kämpfen und umgekehrt. War das ein Religionskrieg – oder doch nicht?

Er war es auch – das ist die knappste Antwort. Natürlich wird ein Krieg der Großmächte daraus, aber die Frage, welches Territorium welcher Konfession anhängt, geht nie ganz verloren. Die zuvor oft zerstrittenen Protestanten finden zusammen gegen den Kaiser und seine katholische Allianz; Schwedens König Gustav Adolf wird in der Publizistik, aber auch von der Kanzel bisweilen wie ein Messias gefeiert.

Welche Konfession steht dem Staat am nächsten?

Das lässt sich so glatt nicht beantworten, sondern sieht von Land zu Land unterschiedlich aus. So zeigt sich in Frankreich ein Modell hoher katholischer Staatsnähe. Hier leiteten die Kardinäle Richelieu und Mazarin die Staatsgeschäfte. In Spanien ist der Katholizismus bis zu General Franco erschreckend staatsnah. In England steht spätestens nach den schweren Bürgerkriegen die Church of England selbstverständlich loyal hinter ihrem Oberhaupt, dem König. Im Wilhelminischen Kaiserreich zeigt aus preußischem Erbe das Luthertum große Staatsnähe, während man den Katholiken vorwirft, sie seien »ultramontan«, also romtreu und damit insgeheim nationalstaatskritisch.

Wenn wir auf die andere Seite blicken: Waren die spätmittelalterlichen Mystiker und deren geistige Erben, die Pietisten und andere Erweckte im 18. und 19. Jahrhundert, eher staatskritisch eingestellt?
Zumindest eint ihre Urheber weitgehend der Gedanke des Rückzugs aus der politischen Arena. Aber Vorsicht: Ausgerechnet der Hallesche Pietismus mit seiner erfolgreichen Lehrdisziplin lieferte dann Preußens König Friedrich Wilhelm I. am Anfang des 18. Jahrhunderts viele fähige Militärs und Ideale für die Disziplin- und Leistungssteigerung seines Beamtenstaates allgemein. Daher sprechen manche hier sogar von der »preußischen Staatsreligion«.

Man könnte die Perspektive auch einmal umdrehen und fragen: Hat es Momente gegeben, wo das Christentum in bloßes Staatsmachtdenken überging?
Wir haben da das üble Beispiel der Deutschen Christen im Dritten Reich. Dort wurden, so denke ich, um der Staatsnähe willen entscheidende Grundlagen des Christentums aufgegeben. Paulus sagte: Nicht Heide oder Jude – die Botschaft Jesu richtet sich an alle. Das wurde dort verleugnet.

Bisweilen hat man sogar versucht, christliche Gottesstaaten zu errichten. Savonarolas Regiment in Florenz ist ein berüchtigtes Beispiel. Welches Experiment ist am wenigsten gescheitert?
Calvins Verfassung für Genf. Zugegeben, sie kann einem brutal gleichmacherisch und kontrollsüchtig erscheinen, aber in ihrer

Wirkung ist sie doch ungeheuer erfolgreich. Und sie hat weithin ausgestrahlt, nach Frankreich und auf die Auswanderer nach Nordamerika. Bis heute ist die Mentalität dort von einer reformierten Frömmigkeit geprägt, die oft gerade gegen weltliche Obrigkeiten skeptisch blieb oder auf Eigenorganisation drang; ähnlich in den Niederlanden, die sich um 1600 auch aus zäher Glaubensgewissheit von Spanien lösten.

Trotz solcher weltlichen Erfolge scheint das Christentum immer einen Überschuss an Utopie zu behalten, der in Macht und Staatlichkeit nie ganz aufgegangen ist.

Als Theologe kann ich nur sagen: Das ist auch gut so. Komplett seinen Frieden mit dem Diesseits kann ein Christ eigentlich nicht machen. Ohne Widerständigkeit zum Pragmatismus der Welt, ohne »Dein Reich komme« wäre das Christentum nicht, was es sein sollte.

TEIL III

VON REFORMERN UND MISSIONAREN

»Die drei Kreuze«, Radierung von Rembrandt van Rijn, 1653 (Ausschnitt)

Auf Teufel komm raus

Erbittertes Ringen zwischen den Konfessionen in Europa, rasante Ausbreitung in Übersee: Nach der Reformation begann für das Christentum eine Epoche der Widersprüche. Die zentrale Frage war: Durfte man die »wahre Religion« mit Gewalt durchsetzen?

Von Volker Reinhardt

Nachdem die französischen »Religionskriege« ab 1562 zwei Jahrzehnte lang eine Provinz nach der anderen verwüstet und entvölkert hatten, zog der aus der Gegend von Bordeaux stammende französische Philosoph Michel de Montaigne ein für das Christentum und die Christen vernichtendes Fazit. »Es ist kein Streit so unerbittlich wie der christliche. Wir vollbringen wahre Wunder, wenn sich unser Eifer mit unserer Neigung zum Hass, zur Brutalität, zum Ehrgeiz, zur Habgier, zur Verleumdung und zur Rebellion verquickt.« Eigentlich – so Montaigne weiter – sollte die himmlische Lehre des milden Jesus doch zur Nächsten-, ja sogar zur Feindesliebe erziehen. »Stattdessen hegt, pflegt und stärkt die Religion die Laster.«

Was war falsch gelaufen? Montaigne hatte eine bis heute überzeugende Erklärung parat: Die Botschaft des Evangeliums wurde in den Händen der Menschen verunreinigt. Religionen – so eine weitere Erkenntnis des Querdenkers – gehören zur psychischen und kulturellen Grundausstattung des Menschen. Je nach Gegend und Landsmannschaft wird man in den einen oder anderen Glauben hineingeboren; Religion ist also ein wesentlicher Bestandteil individueller und kollektiver Identität. Damit eignet sie sich bestens zur Erzeugung von Feindbildern: Der Andersgläubige wird zum Monstrum, zum Unmenschen.

Bis heute empfängt der Papst hohe Staatsgäste in der Vatikanischen Sala Regia. Dort hat Giorgio Vasari 1573 ein Fresken-Triptychon gemalt, das diesen Prozess der Entmenschlichung veranschaulicht. Im ersten Bild wird der Calvinistenführer Coligny durch einen Schuss aus heiterem Himmel an der Hand verwundet; das ist eine letzte Warnung, zum wahren, römisch-katholischen Glauben überzutreten. Da er sie in den Wind schlägt, wird er in einer Nachtszene zusammen mit seinen Anhängern ermordet. Diese haben allerdings kein menschliches Antlitz mehr, sondern zeigen ihr wahres Gesicht: Sie sind allesamt zu teuflischen Kreaturen mutiert. Im dritten und letzten Bild ist dann die Ketzerei ausgerottet und der Friede im Königreich Frankreich wiederhergestellt.

Das war das offizielle Bild aufseiten aller etablierten Kirchen und Konfessionen: Wer von den Rechtgläubigkeitsregeln abweicht, ist der Hölle entsprungen und muss ausgerottet werden, sonst verbreitet sich die teuflische Ansteckung wie eine Epidemie weiter. Zu den Ursachen dieses christlichen Haders zog Montaigne das herbe Fazit: Wer eine Armee aus aufrechten Streitern für den wahren Glauben oder anderen lauteren Motiven zusammenstellen wollte, würde nicht einmal ein Fähnlein, die kleinste militärische Einheit, zusammenbringen.

Mit anderen Worten: Religionskriege im eigentlichen Wortsinn gibt es gar nicht; die Religion ist nur die Oberfläche, in der

Tiefe entspringen solche Konflikte aus Machtgier, Lust an der Grausamkeit und Hass in allen Variationen.

Belege dafür gab es in den »Glaubenskriegen« des 16. und 17. Jahrhunderts überreichlich – Fürsten und Generäle, die je nach Opportunität die Seiten und manchmal sogar den Glauben wechselten, Dörfer, Nachbarschaften, Familien, die sich im Namen der religiösen Wahrheit buchstäblich zerfleischten. Die Überzeugung, im Namen Gottes zu töten, mit Bluttaten ein gutes, heilswirksames Werk zu verrichten, setzt die niedrigsten Instinkte des Menschen frei – diese Diagnose Montaignes gilt bis heute, wobei man »Glaube« auch gegen »Ideologie« oder einfach »Gesinnung« austauschen kann.

Hinzu kommt, dass Glaube und Verfolgung Andersgläubiger seit den Anfängen des Christentums zusammengehörten. In dieselbe Kerbe schlugen die Reformatoren. Luther hoffte anfangs, dass sich seine Lehre als einzig wahre Auslegung der Bibel von selbst durchsetzen würde. Als der Siegeszug ausblieb, war er schnell bei der Hand mit Aufrufen, den Papst und die Kardinäle als Helfershelfer des Teufels zu ermorden. Wer in wesentlichen Fragen der Religion anderer Meinung war, musste von Grund auf böse, also eine Ausgeburt der Hölle sein, gegen die alle, auch die härtesten Zwangsmaßnahmen gerechtfertigt waren – das sahen ab 1530 alle religiösen Kirchenführer und Ideengeber so.

Huldrych Zwingli in Zürich rechtfertigte die Verfolgung und Ertränkung der Täufer als Staatsverbrecher, weil sie durch die Verweigerung von Eid und Militärdienst die öffentliche Ordnung untergruben.

Jean Calvin in Genf zwang seine Gegner zu demütigender öffentlicher Abbitte im Büßerhemd, um sie bei Rückfälligkeit mit theologischen Gutachten dem »weltlichen Arm«, also der staatlichen Gerichtsbarkeit und damit dem Schafott zu überantworten.

Besonders grauenhaft vollzog sich 1553 die Verbrennung des spanischen Arztes Miguel Servet, der sich die Gedankenfreiheit genommen hatte, die christliche Trinität zu leugnen und einen einzigen, unteilbaren Gott an deren Stelle zu setzen. Und natürlich loderten auch in Rom, wo 1542 eine neue Zentralinquisition eingerichtet wurde, die Scheiterhaufen der »Uneinsichtigen«. Seit Mitte des 16. Jahrhunderts wurde es also für Europäerinnen und Europäer fast überall – Zonen der Duldung wie Polen ausgenommen – lebensgefährlich, einen von der jeweiligen Staatsreligion abweichenden Glauben zu bekennen.

Das Zeitalter der streitenden Konfessionen, die sich alle verteufelten, war angebrochen. »Konfession« heißt eigentlich Bekenntnis, und zu immer präziser kodifizierten Rechtgläubigkeitskatalogen waren die »Das musst du glauben«-Katechismen der Kirchen bereits angeschwollen. Das Trennende war damit wichtiger geworden als das Gemeinsame.

Weiterhin allerdings hielt sich die kleine Minderheit derjenigen, die sich nichts vorschreiben ließen, und derjenigen, die das Verbindende stärker betonten – vor allem in Montaignes Frankreich, wo die Spaltung der Kirchen und Konfessionen die politische Einheit des Landes akut bedrohte. Für diese – bezeichnenderweise »politiques«, Politiker, genannten – »Versöhner« waren die theologischen Differenzen eher nebensächlich.

Gewiss, Luther lehrte die Realpräsenz, wonach Fleisch und Blut in Brot und Wein des Abendmahls auf geheimnisvolle Weise tatsächlich, doch ohne Wandlung, vorhanden waren, während Zwingli und Calvin dieses Sakrament rein symbolisch beziehungsweise spirituell auslegten und die katholische Kirche mit ihrer Lehre der Transsubstantiation eine Verwandlung der Substanz während der Eucharistie bei unveränderter Form festlegte. Darüber hinaus lehrten die Reformatoren, dass jeder Mensch vor seiner Geburt zu Heil oder Verdammnis vorherbestimmt sei, während Rom an einer Basisfreiheit des Willens und der individuellen Entscheidung festhielt. Aber waren das nicht Spitzfindigkeiten, die kaum jemand verstand, und damit unwichtig gegenüber dem gemeinsamen Glauben an Christus?

Sechs Jahre nach Montaignes Tod, im Frühjahr 1598, erließ König Heinrich IV., der als Calvinist geboren worden war, 1572 zwangsweise katholisch wurde, bald danach zum angestammten reformierten Glauben zurückkehrte, um 1593/95 aus reiner Staatsklugheit wieder das katholische Bekenntnis der großen Mehrheit seiner Untertanen anzunehmen, in Nantes ein Edikt, das die Existenz von zwei Kirchen und Konfessionen auf französischem Boden tolerierte, und zwar auf der Grundlage der bürgerlichen Gleichberechtigung. Die Hugenotten, wie man die calvinistischen Einwohner Frankreichs nannte, durften zwar in Paris und am Hofe nicht organisiert auftreten, dort, wo sie Gemeinschaften gebildet hatten, aber unbehelligt Gottesdienste abhalten.

Lange hat dieses Experiment jedoch nicht funktioniert. Im Oktober 1685 hob Ludwig XIV. die Bestimmungen seines Großvaters auf, woraufhin Hunderttausende der Zwangskonversion durch Auswanderung entgingen; wer blieb, war de facto rechtlos, und zwar bis kurz vor der Französischen Revolution.

Im Heiligen Römischen Reich Deutscher Nation hatte der Augsburger Religionsfriede von 1555 einen prekären Ausgleich geschaffen. Nach dem Prinzip »cuius regio, eius religio« (frei übersetzt: Wer das Land regiert, dessen Konfession gilt) bestimmten die Fürsten der zahlreichen Einzelterritorien die Glaubensrichtung. Wer nicht mitmachte, musste auswandern. In der Eidgenossenschaft waren katholische und reformierte Kantone zu einem Minimalkonsens verdammt, da sie gemeinsame Eroberungen mit rotierenden Landvögten zu verwalten hatten.

In beiden Fällen gestaltete sich die Koexistenz zweier Kirchen und Konfessionen in einem politischen Rahmen alles andere als störungsfrei. In der Schweiz kam es 1531, 1656 und 1712 zu drei inneren Kriegen, bei denen die Glaubensfrage eine ausschlaggebende Rolle spielte; selbst der Sonderbundskrieg von 1847 zwischen liberalen und konservativen Kantonen war in vielerlei Hinsicht noch vom Gegensatz der Kirchen und Konfessionen bestimmt.

In Deutschland zeigte schon das hundertjährige Reformationsjubiläum 1617, wie aufgeheizt das konfessionell-politische Klima und wie aufgepeitscht die Emotionen breiter Kreise waren; dass im Jahr darauf ein Krieg ausbrach, der sich mit seinen Fortsetzungen dreißig Jahre hinziehen sollte, überraschte daher niemanden. Dieser Dreißigjährige Krieg zeigte wie die »Religionskriege« in Frankreich von 1562 bis 1598, worum es in solchen Konflikten wirklich ging: Ganz im Sinne Montaignes verquickte sich die religiöse Spaltung mit einer Vielzahl weltlicher Handlungsmotive und Antriebe.

In Böhmen, wo der Krieg 1618 ausbrach, pochte der großteils reformierte Adel auf ein Dekret, das ihm Religionsfreiheit zusicherte, und versuchte so, die Geschicke des Landes zu bestimmen: gegen den habsburgischen König, der rekatholisieren und die Macht in seinen Händen bündeln wollte. Hier verschmolz das kirchlich-religiöse Motiv also mit unvereinbaren Machtansprüchen und politischen Vorstellungen.

Das war letztlich überall so. Wie hoch der jeweilige Stellenwert der Konfession und damit des Glaubens in all diesen Konflikten im Einzelnen war, ist heute nicht mehr sicher zu ermessen. Das Spektrum reicht von tatsächlichen »Glaubenstätern« bis zu reinen Zynikern und Opportunisten, wobei die Mehrheit in der Mitte liegen dürfte: Eigeninteresse und Glauben gingen eine nützliche Union ein – die Faustformel bis heute.

Am Ende des Dreißigjährigen Krieges standen Friedensschlüsse, die eine Neuauflage eines solchen Flächenbrands verhindern sollten. Und in der Tat: Größere »Religionskriege« hat es danach nicht mehr gegeben. Als König Friedrich II. in Preußen 1740 Schlesien ohne gültigen Rechtsanspruch überfiel, rechtfertigte er sich mit religiösen Motiven, doch das nahm dem Vertreter der nackten Staatsräson niemand mehr ab. Um dieselbe Zeit kämpften die Vordenker der Aufklärung wie Voltaire mit allen Mitteln der Publizistik, der Ratio, des Spotts und der Anklage für eine Zurückdrängung der Religion in die Privatsphäre.

Dieser Prozess ist bis heute nicht völlig abgeschlossen, aber unter dem Strich doch erfolgreich: Die Frage, welcher Religion man anhängen soll, ja ob überhaupt einer, ist dank der Aufklärung in Europa inzwischen weitgehend individuelle Gewissens- und Überzeugungssache – wahrscheinlich die größte Errungenschaft der europäischen Geschichte.

Der Kampf zwischen den Konfessionen tobte jahrhundertelang auf allen Ebenen, auch unter Historikern. Sie sollten mit den »richtigen« Quellen und Schlussfolgerungen beweisen, dass »ihre« Kirche die einzige legitime Nachfolgerin der Urchristen war, während die anderen von dieser Wahrheit abgefallen waren. Dieses Bestreben ist auch 2017 noch in vielen Biografien Luthers und Darstellungen der Reformationszeit zu spüren.

Heftig um die evangelische Wahrheit gerungen wurde seinerzeit auch in der Mission. Nur wer die Botschaft des Evangeliums in die Welt hinaustrug, konnte nach den Maßstäben der Zeit den Anspruch vertreten, die wahre Kirche zu sein. Auf diesem Gebiet hatte die katholische Kirche uneinholbare Startvorteile: Die Monarchen Spaniens und Portugals, die den Wettlauf in die ab 1492 neu entdeckten Weltteile mit päpstlicher Schiedsgerichtsbarkeit unter sich ausmachten, waren und blieben »altgläubig«; größere Betätigungsfelder boten sich lutherischen und calvinistischen Missionaren erst im 17. Jahrhundert, als England und die Niederlande zu Kolonialmächten in Nordamerika und Asien aufstiegen.

Für die spanischen Konquistadoren, die nach Kolumbus Mittel- und Südamerika eroberten, war die Missionierung der »Ungläubigen« die alles entscheidende Rechtfertigung: Völker, die Götzen anbeteten, diesen Menschenopfer darbrachten und Menschenfleisch verzehrten, musste man notfalls mit Gewalt bekehren und auch politisch einer heilsamen Vormundschaft unterwerfen – so die vorherrschende Ideologie. Manche spanischen Gelehrten, wie der berühmte Humanist Juan Ginés de Sepúlveda, gingen sogar noch einen Schritt weiter und erklärten die Indianer im Sinne des Aristoteles zu geborenen Sklaven und damit für alle Zeit unfähig zu selbstverantwortlicher Lebensführung oder gar Regierung.

Die Versklavung im Namen von Glauben und Zivilisation ließ denn auch nicht lange auf sich warten. Die Einwohner der eroberten Gebiete wurden unter das Joch einer unmenschlichen Zwangsarbeit gedrückt, vor allem in den großen Silberbergwerken wie Potosí im heutigen Bolivien. Doch dieses System von Zwangskatholisierung und Ausbeutung blieb nicht unwidersprochen.

Schon Montaigne, der sich nach außen hin als guter Katholik gerierte, aber nicht mehr als Christ dachte und fühlte, war der Meinung, dass die Kultur der neu entdeckten Völker die menschlichere und freiere sei; außerdem fand er es weniger schlimm, im Krieg gefallene Feinde aufzuessen, als Menschen wegen ihres Glaubens zu verbrennen.

Ebenso radikale Ansichten trug der spanische Dominikanermönch und spätere Bischof von Chiapas, Bartolomé de Las Casas, vor. In jüngeren Jahren hatte er selbst vom »Encomienda-System«, der Zwangsarbeit der Unterworfenen, profitiert, das er nach seiner Bekehrung wie kein anderer anklagte. Ja, die ganze spanische Eroberung erschien ihm jetzt illegitim; rechtmäßig wäre sie nur, wenn alle Ureinwohner der spanischen Machtübernahme ausnahmslos ihre Zustimmung erteilten, doch davon konnte angesichts der Brutalität der Eroberer keine Rede sein.

Auch der angebliche Rechtstitel der Missionierung wurde in Las Casas' Schriften zu einer Waffe gegen Spanien. Die Bekehrung der Indianer hätte seiner Ansicht nach ausschließlich mit friedlichen Mitteln, durch unermüdliche Überzeugungsarbeit und gutes Beispiel der Missionare, geschehen müssen; stattdessen hatten die Europäer das Kreuz mit Feuer und Schwert ausgebreitet.

Für eine Bekehrung auf rein geistlichem Weg waren die Indianer laut Las Casas durch natürliche Anlagen wie Milde und Sanftmut geradezu prädestiniert. Auch ihr Glaube wies seiner Ansicht nach alle Merkmale eines guten Strebens auf, selbst wenn er sich in irrtümlichen Formen manifestierte: Mit ihrem natürlichen Drang, den Weltenschöpfer zu verehren, tendierten sie bereits von selbst in Richtung des Christentums, das sich diese Regungen zunutze machen konnte. Stattdessen diskreditierten die Missionare als Agenten der Großgrundbesitzer die christliche Religion von Grund auf – dass sich die zu Bekehrenden einer solchen Konversion widersetzten, war verständlich und voll und ganz gerechtfertigt.

Las Casas durfte seine Kritik 1550/51 in Valladolid auf einer öffentlichen Disputation verteidigen. Er hatte Erfolg. Seine Argumente fanden sogar Widerhall in königlichen Gesetzen. Schon 1537 hatte sich Papst Paul III. in seiner Bulle »Sublimis Deus« ähnliche Positionen zu eigen gemacht: Die Indianer sind Menschen mit allen Menschenrechten, einschließlich Freiheit und Eigentum, ihre Versklavung ist also illegal, und ihre Bekehrung hat friedlich zu erfolgen.

An den tatsächlich herrschenden Verhältnissen änderte sich

dennoch ziemlich wenig. Dem Ziel einer »anderen« Missionierung kamen die Jesuiten in Paraguay vom Anfang des 17. bis zur Mitte des 18. Jahrhunderts am nächsten. Hier entstanden 30 Mustersiedlungen mit maximal 140 000 Einwohnern, deren räumliche, soziale und wirtschaftliche Ordnung einheitlich geregelt wurde. So scharten sich auf drei Seiten die Behausungen der Guaraní-Indianer um einen Platz mit dem Standbild des Ortsheiligen; geschlossen wurde das Ortsbild von Kirche, Vorrats- und Werkstätten.

Das Gemeinschaftsleben, das sich darin entfaltete, ähnelte mit manchen Zügen den Utopien eines Thomas Morus oder Tommaso Campanella, ohne von diesen beeinflusst zu sein: So war der größte Teil des Ackerlandes und Viehs Gemeinbesitz; Privateigentum war nicht verboten, aber reduziert, die Versorgung mit lebensnotwendigen Gütern wurde daher von der Administration garantiert. An ihrer Spitze standen selbstverständlich die Jesuiten, doch wurden nachgeordnete Ämter bewusst an Ureinwohner vergeben. Die Patres strebten keine klassenlose oder gar kommunistische Gesellschaft, sondern im Gegenteil die Herausbildung einer einheimischen Elite an, die allerdings unter der Vormundschaft der europäischen Ordenselite zu agieren hatte.

Auf diese Weise wurde eine streng disziplinierte Lebensordnung eingehalten; allen Bewohnern waren feste Tätigkeiten zugewiesen, deren Ausführung überwacht wurde. Gesetzgebung und Justiz waren viel milder als zur selben Zeit in Europa. So gab es keine Todesstrafe (die in Europa erstmals 1786 in der Toskana abgeschafft wurde); und während Ehebrecher in Genf ab 1560 auf dem Schafott endeten, wurde dasselbe »Vergehen« im jesuitischen Paraguay mit 15 Tagen Haft und einer Tracht Prügel bestraft.

Der Schutz vor Abgaben an die spanische Krone, den die Indianer in diesen sogenannten Jesuitenreduktionen genossen, war stets ein Ärgernis für die spanischen Siedler und speziell für die Sklavenjäger. Gegen sie konnten sich die Guaraní unter der Führung der Jesuiten lange Zeit erfolgreich mit militärischen Mitteln wehren. Der Untergang war jedoch besiegelt, als die Siedlungen im 18. Jahrhundert den Schutz der Krone verloren und der Jesuitenorden in eine Krise geriet, die 1773 zu seiner Aufhebung führte. Aus heutiger Sicht hatten es die Jesuiten zudem versäumt, ihre einheimischen Schützlinge zu Mündigkeit und Selbstverantwortung zu erziehen. Außer Frage aber steht, dass deren Lebensbedingungen hier um ein vielfaches humaner ausfielen als im übrigen spanischen Kolonialreich.

Die Verquickung von Kolonialismus und Mission war damit nicht zu Ende; sie setzte sich im voll entfalteten Imperialismus des 19. Jahrhunderts sogar verstärkt fort. Auch der Streit der Konfessionen kam nicht so bald zum Abschluss; noch nach der Mitte des 18. Jahrhunderts wurden unter der habsburgischen Erbherrscherin Maria Theresia Protestanten als Irrgläubige des Landes verwiesen. Danach setzte sich Toleranz für Angehörige anderer christlicher Konfessionen in den meisten europäischen Staaten mehr oder weniger konsequent durch; nur die Juden, die am stärksten diskriminierte Minderheit überhaupt, mussten in der Regel sehr viel länger auf die volle rechtliche Gleichstellung und Emanzipation warten.

Im »Luther-Gedächtnisjahr« 2017 scheinen die christlichen Konfessionen stärker aufeinander zuzugehen als je zuvor. Das ist fraglos zu begrüßen, doch sollte im Zeichen dieser Annäherung nicht in Vergessenheit geraten, dass die Vergangenheit ganz anders war.

Der Historiker Volker Reinhardt ist Professor an der Universität Fribourg. 2017 erschien sein Buch »Pontifex. Die Geschichte der Päpste« (Verlag C. H. Beck, München).

Wie frei ist der Mensch?

Martin Luther sah das Verhältnis zwischen Mensch und Gott anders als Rom – und löste damit die Reformation aus. Im Streit mit dem Humanisten Erasmus von Rotterdam schärfte er seine Position.

Von Johannes Saltzwedel

Lange hatte sich Desiderius Erasmus von Rotterdam, der berühmte humanistische Gelehrte, gegen Martin Luther zurückgehalten. Doch 1524, sieben Jahre nach den ersten aufsehenerregenden Thesen des ehemaligen Mönchs aus Wittenberg, stellte er den Reformator zur Rede. In einer langen, mit Bibelzitaten gepfefferten Abhandlung »Über den freien Willen« verfocht er die Wahlfreiheit des Menschen – was sollten die Mahnungen der Heiligen Schrift, wenn ohnehin alles vorherbestimmt sei?

»Worauf beziehen sich die zahlreichen Lobpreisungen der Heiligen … wenn unser Eifer nicht verdienstlich ist? Was soll der überall gelobte Gehorsam, wenn wir für Gott zu den guten und in gleicher Weise zu den bösen Werken nur ein solches Werkzeug sind, wie die Axt für den Zimmermann? Aber ein solches Werkzeug sind wir alle, wenn … wahr ist, dass alles sowohl vor als auch nach Empfang der Gnade, Gutes in gleicher Weise wie Böses, und auch was dazwischenliegt, aus reiner Notwendigkeit geschieht, eine Meinung, die Luther billigt …

Diejenigen übrigens, die leugnen, dass es überhaupt einen freien Willen gebe, sondern behaupten, alles geschehe aus absoluter

Luthers Schrift »Über den unfreien Willen« erschien 1525 als Antwort auf Erasmus.

Notwendigkeit, bekennen, dass Gott in allen nicht nur die guten Werke wirke, sondern auch die bösen, woraus zu folgen scheint, dass, wie der Mensch in keiner Hinsicht der Urheber guter Werke genannt werden kann, er auch in keiner Weise Urheber der bösen genannt werden kann ....
Nachdem sie den freien Willen abgetan haben, lehren sie, dass der Mensch dann vom Geist Christi getrieben werde, dessen Natur keine Gemeinschaft mit der Sünde duldet. Und doch sagen dieselben Leute, dass der Mensch auch nach Empfang der Gnade nichts anderes tue, als zu sündigen.«

Luther antwortete dem auf Vermittlung zielenden Gelehrten denkbar hart. Seine Schrift »De servo arbitrio« (»Über den unfreien Willen«), Ende 1525 veröffentlicht, dreht den Titel des Erasmus ins Gegenteil. Kompromisslos stellt Luther die reformatorische Lehre klar, dass der sündige Mensch Gottes Gnade wie auch seinen Ratschluss auf keine Weise beeinflussen könne – Gottes Gerechtigkeit stehe nun einmal unbegreiflich höher.

> »Darum muss man bis zum Äußersten gehen, sodass der ganze freie Wille bestritten und alles auf Gott zurückgeführt wird. Dann werden die Schriftaussagen einander nicht widerstreiten, und die Unannehmlichkeiten, wenn sie nicht aufgehoben werden, werden zu tragen sein …
> Nimm mir dreierlei Licht an, das Licht der Natur, das Licht der Gnade und das Licht der Herrlichkeit, wie es eine verbreitete und gute Unterscheidung tut. Im Licht der Natur ist es unlösbar, dass das gerecht ist, dass der Gute heimgesucht wird und dass es dem Bösen wohlgeht. Doch dies löst das Licht der Gnade. Im Licht der Gnade ist es unlösbar, wie Gott den verdammen kann, der aus seinen eigenen Kräften nichts anderes tun kann als sündigen und schuldig werden. Hier sagen sowohl das Licht der Natur wie das Licht der Gnade, dass die Schuld nicht des armen Menschen, sondern des ungerechten Gottes sei. Denn sie können nicht anders über Gott urteilen, der den gottlosen Menschen umsonst ohne Verdienste krönt und einen anderen nicht krönt, sondern verdammt, der vielleicht weniger oder wenigstens nicht mehr gottlos ist. Aber das Licht der Herrlichkeit redet anders und wird alsdann zeigen, dass Gott, dessen Gericht bisher eine unbegreifliche Gerechtigkeit innewohnt, die gerechteste und offenkundigste Gerechtigkeit zugehört.«

Zuflucht der Seele

In den Wirren nach der Reformation fand Teresa von Ávila eine neue Innerlichkeit des Glaubens. Die Spiritualität ihres Reformordens entwickelte eine enorme Anziehungskraft.

Von Alexandra Gittermann

Die Nonnen erreichten ihr Ziel mitten in der Nacht – und das auch noch, als man gerade die Stiere für die Corrida des nächsten Tages durch die Straßen trieb.

Jemand erzählte später: Die Gruppe, die sich um eine Uhrzeit durch Medina del Campo bewegte, zu der sonst keine ehrbaren Leute mehr auf der Straße anzutreffen waren, wirkte so, als habe sie gerade eine Kirche ausgeraubt.

Nachdem sie das Haus erreicht hatten, das ihnen fortan als Kloster dienen sollte, begannen sie, es notdürftig für den ersten Gottesdienst herzurichten. Als sie im Morgengrauen die Glocke läuteten und die überraschten Nachbarn herbeiströmten, wurde erst klar, was die Dunkelheit bisher verborgen hatte: Das Gebäude, das eine Dame ihnen überlassen hatte, war wenig mehr als eine Ruine.

Es sollte noch viele solcher Momente geben, in denen Teresa de Ahumada y Cepeda oder Teresa de Jesús, wie sie sich nun nannte, an den Umständen ihrer Mission fast verzweifelte. Mitten in der Zeit der Reformation gründete sie in Spanien kleine Klöster, in denen sich die Nonnen wieder auf die ursprünglichen Regeln der Karmeliter verpflichteten. Gebet, Buße und strenge Observanz sollten ihre Waffen sein im Kampf für den rechten Glauben. Etwas anderes war ihnen als Frauen verwehrt. Und schon dies ging vielen zu weit.

Noch etliche Male würde Teresa mitten in der Nacht ihre neue Unterkunft beziehen, um Protesten zuvorzukommen. Denn schon die Gründung des ersten Klosters in Ávila im Jahr 1562 hatte erbitterten Widerstand hervorgerufen. Den Oberen bereitete es Sorge, dass es ohne jeglichen finanziellen Rückhalt bestehen sollte, allein auf Gottes Hilfe und Almosen gegründet. Teresa düpierte mit ihren Plänen aber auch alle, deren unverheiratete Töchter zwar als Nonnen lebten, aber aufgrund großzügiger Zuwendungen ihrer Familien dennoch auf keine Annehmlichkeit, noch nicht einmal auf den Besuch von Verehrern, verzichten mussten.

So wie Teresa selbst bisher. Zwar hatte sie lange Jahre versucht, Gott näherzukommen. Immer wieder hatte sie Bücher mit spirituellen Übungen angefangen, doch immer wieder hatte sie diese beiseitegelegt, weil es ihr nicht gelingen wollte, sich von den weltlichen Ablenkungen um sie herum zu lösen. Nicht einmal eine schwere Krankheit, die sie jahrelang ans Bett gefesselt hatte – einmal wäre sie fast lebendig begraben worden –, hatte daran etwas geändert.

Dann aber, sie war schon über vierzig, erlebte sie mystische Visionen, die ihren Glauben neu entfachten. Anfangs waren es bedrohliche Erscheinungen eines strafenden Gottes: Teresa sah den Platz, der ihr in der Hölle zugedacht war. Als sie mit aller Kraft ihre spirituellen Übungen wieder aufnahm, erschreckte es sie kaum weniger, plötzlich Gottes wohlwollende Stimme in ihrem Inneren zu hören. Was, wenn es der Teufel war, der sie in Versuchung führen wollte?

Die Antwort konnten ihr nur Männer geben. Nur sie verfügten über die nötige Bildung, um Teresas Visionen bewerten und verteidigen zu können. Sich diesen Geistlichen anzuvertrauen verlangte einiges an Entschlusskraft. Denn damals war der Grat zwischen katholischer Orthodoxie und Häresie so schmal, dass kurz zuvor sogar der Erzbischof von Toledo unter dem Verdacht des Lutheranismus verhaftet worden war.

Es gehörte zu den vielen Talenten der kleinen und unwürdigen Frau, als die sich Teresa zeitlebens stilisierte, sich mit den richtigen Fürsprechern zu umgeben. Immer wieder machten diese ihr Mut, ihren Weg niederzuschreiben, damit ihr stilles Gebet und ihr Rückzug nach innen für sie selbst und andere nachvollziehbar werde.

Besonders eindrücklich gelang ihr das mit dem Bild der »inneren Burg«, das sie für ihre Nonnen entwarf. Diese Burg war die eigene Seele, eine Region »ganz aus Diamant oder sehr klarem Kristall«, ein paradiesischer Ort. Hier, so Teresa, konnte der Mensch begreifen, dass Gott ihn nach seinem Vorbild geschaffen hatte. Hier war die mystische Union mit dem Schöpfer möglich. »Was wir sonst nur dem Glauben zuschreiben«, so Teresa, könne die Seele in dieser geistlichen Burg »durch eigene Anschauung verstehen«.

Ins Zentrum dieser Festung gelangte nur, wer viele Zimmer mit immer neuen Prüfungen und Entsagungen durchschritt. Es war eine Gnade, all das erleben zu dürfen, aber der Erfolg brachte auch die Verpflichtung zum Handeln mit sich: »Diese geistige Vermählung dient nur dazu, dass aus ihr stets Werke entstehen, Werke.«

Allmählich begriff Teresa, was ihr eigenes Werk in der Welt werden sollte. Die blutigen Glaubenskriege, in denen Frankreich gerade versank, bereiteten ihr großen Kummer: »Mir schien, ich würde tausend Leben geben, um nur eine Seele der vielen zu retten, die dort ins Verderben stürzten. Und da ich eine unwürdige Frau bin und unfähig, Gott so zu dienen, wie ich es gern täte, beschloss ich, das wenige zu tun, was ich konnte, nämlich den Ratschlägen der Evangelien mit aller Vollkommenheit zu folgen, zu der ich fähig war. Ich wollte dafür sorgen, dass die wenigen, die sich hier mit mir befanden, das Gleiche taten, und dass alle zusammen im Gebet für diejenigen, die die Kirche verteidigen, Gott so gut helfen, wie es uns möglich ist.«

Es war gerade dieser stille Glaube, der in jener von Religionskriegen und blutiger Unterdrückung Andersgläubiger zerrissenen Welt Teresas Anziehungskraft ausmachte. Ihre Klöster waren Orte des Rückzugs und der Kontemplation, die offenbar viele mehr ansprachen als die religiösen Brandreden ihrer Zeit. Die wachsende Zahl an Bewunderern zeugt – bis heute – von der Sehnsucht nach einem inneren Glauben jenseits weltlicher Interessen und Bedürfnisse. Es fiel Teresa nicht schwer, Frauen zu finden, die bereit waren, ihr in die Stille zu folgen, und auch Männer taten es ihr nach.

Kaum jemand, der ihr persönlich begegnete, konnte seine anfängliche Skepsis aufrechterhalten. Auch nicht der Ordensgeneral in Rom, der ihr die Gründung weiterer Klöster genehmigte. So machte sich Teresa ans Werk: Sie beschaffte finanzielle Mittel; sie eignete sich die nötigen Kenntnisse an, um die beinahe unablässig notwendigen Renovierungsarbeiten beaufsichtigen zu können. Nicht zuletzt organisierte und begleitete sie die beschwerlichen Reisen der Klausurnonnen, für die oft aufwendige Maßnahmen getroffen wurden, um sie vor neugierigen Blicken abzuschirmen.

Fast 20 Jahre lang war Teresa auf diese Weise in Kastilien unterwegs. Sie gründete 17 Frauen- und zwei Männerklöster, bis sie in einem von ihnen auf der Durchreise starb. Diejenigen, die dabei waren, berichteten von so vielen wunderbaren Erscheinungen zum Zeitpunkt ihres Todes, dass kaum Zweifel an ihrer Heiligkeit bleiben konnten. Zumindest die geradezu übermenschliche Energie der Visionärin ist nicht zu leugnen.

Noch heute wächst die Zahl an Biografien und Gesamtausgaben ihrer Werke stetig an. Offenkundig dient diese Frau, die so lange mit sich rang und schließlich gegen alle Widerstände und Konventionen ihrem Weg folgte, vielen weiterhin als Leitbild – seien es Feministinnen, Kritiker des Laizismus unserer Gesellschaft oder nicht zuletzt jene, die auf der Suche nach ihrer eigenen Spiritualität sind.

Giftige Schlange, schwaches Licht

Dem Großreich China näherten sich westliche Missionare nicht mit Gewalt, sondern mit Kultur und Wissenschaft. Ein Jesuit aus Köln brachte es auf diese Weise sogar zum Berater des Kaisers.

Von Bettina Musall

Anfang September des Jahres 1632 zog im Norden Chinas, in Peking, der deutsche Missionar Johann Adam Schall von Bell seinen Priestermantel aus und stieg in ein paar Lumpen. Er schwärzte Gesicht und Arme mit Ofenruß, warf sich einen Kohlensack über die Schulter und machte sich auf den Weg zum Kerker der Stadt, wo zwei chinesische Christen auf die Vollstreckung ihrer Todesurteile warteten.

Der Pater wollte den Gefangenen die Sterbesakramente bringen, was streng verboten war. Am Tor zum Gefängnis murmelte er etwas von »Kohlen« und »Kommandant«, die Wächter ließen ihn passieren, und der vermeintliche Kohlenhändler gelangte in die lichtlose Zelle zu seinen Glaubensbrüdern. Anderthalb Tage beteten sie mit ihrem Beichtvater, in Gesellschaft von Ungeziefer und Ratten, dann verließ er die Todgeweihten. Die Sträflinge wurden enthauptet.

Tollkühn war es, was der deutsche Pater da wagte – inmitten einer chaotischen Welt. Die politische und wirtschaftliche Lage in China war um die Mitte des 17. Jahrhunderts instabil. Während sich Protestanten und Katholiken in Europa noch im Dreißigjährigen Krieg aufrieben, taumelte im Reich der Mitte seit 1627 die Ming-Dynastie unter einem schwachen, jungen Kaiser dem Untergang entgegen. Der ehemals von Peking aus straff organisierte Hof- und Beamtenapparat verfiel unter der Herrschaft korrupter Eunuchen und Offiziere.

Seuchen und Missernten schwächten die Bevölkerung, mandschurische Stämme und Piraten bedrohten die Sicherheit des Landes. Bauern und Handwerker rebellierten gegen unaufhörlich steigende Steuern, es kam zu frühkolonialistischen Auseinandersetzungen zwischen den Niederlanden und Portugal.

Kaum vorstellbar, dass in derart unsicheren Zeiten ein Grüppchen Jesuiten unbeirrbar daran arbeitete, möglichst viele Chinesen katholisch zu taufen.

Welchen Einfluss die Missionare in China zeitweise ausübten und auf welche Widerstände sie stießen, zeigt das filmreife Leben und Wirken des Pater Schall, der als Sohn des rheinischen Adelsgeschlechts von Schall zu Bell 1592 zur Welt gekommen und in Köln aufgewachsen war.

Als 15-Jähriger hatte der junge Adlige beschlossen, Priester zu werden, hatte Mathematik, Logik, sogar Astronomie und natürlich Theologie am deutschen Jesuitenkolleg in Rom studiert. Er sprach Latein wie Deutsch; in seiner Freizeit kümmerte sich der Novize um Arme, Kranke und Gefangene.

China oder Lateinamerika, damals Hauptziele christlicher Mission, konnten einem wissbegierigen Studenten so unerreichbar wie faszinierend erscheinen. Der päpstliche Auftrag, ein Volk von damals geschätzt 200 Millionen aus christlicher Sicht ungläubigen Chinesen mit der eigenen, für allein wahr erkannten Religion zu erleuchten, verlieh dem Fernweh einen Heiligenschein.

»Guter Jesus« hieß das Schiff mit vier Decks, das 1618 von Lissabon aus Richtung Orient in See stach. An Bord waren 22 für China bestimmte Glaubensbotschafter, zu denen noch nicht vorgedrungen war, dass der amtierende Kaiser ein Jahr zuvor befohlen hatte, katholische Missionare aus dem Land zu verbannen. Fast vier Jahre saßen sie am portugiesischen Stützpunkt Macau fest. Als die christenfeindliche Stimmung allmählich abflaute, erreichte Bruder Schall mit einigen Getreuen 1623 fast fünf Jahre nach seiner Abreise die Hauptstadt Peking.

Den christlichen Kurieren kam zugute, dass Kaiser, Hofbeamte und Volk die wissenschaftlichen und technischen Kenntnisse der Jesuiten gut gebrauchen konnten. Der Herrscher auf dem Drachenthron war unzufrieden mit seinen Astronomen, die weder einen korrekten Kalender zustande brachten noch Sonnen- oder Mondfinsternisse zutreffend vorhersagen konnten. Die Landwirtschaft brauchte Dämme, Neuland musste gewonnen, Anbaumethoden sollten verbessert werden. Selbst das Kriegsministerium verlangte nach dem Sachverstand der Europäer – Reiterheere der Mandschu bedrohten die Ming-Dynastie.

»Wir sind Männer Gottes, keine Kanoniere des Kaisers«, konterten die Patres. Dennoch erhielten sie unter dem Vorwand, Wehrexperten zu sein, ihre Aufenthaltsbewilligung.

Pater Schall, bald schon Tang (Adam) Ruowang (Johann) genannt, studierte zunächst gründlich Chinesisch. Entsprechend langsam verlief die Missionstätigkeit: Gerade mal 127 neue Schäfchen konnten in vier Jahren hinzugewonnen werden.

»Geistige Begabung gut, Urteilsvermögen gut, diplomatisches Geschick mittelmäßig, Erfahrung begrenzt«, mäkelten Schalls Vorgesetzte, der Mann sei »noch nicht für den Posten eines Superiors geeignet«.

Seine einfühlsame und zugleich raffinierte Vorgehensweise, sich zuerst die fremde Kultur und Sprache zu erarbeiten, um sich die Gastgeber gewogen zu machen, beeindruckt noch heute. Schall folgte mit seiner respektvollen Annäherung an das Fremde dem Beispiel des Matteo Ricci, des eigentlichen Begründers der neuzeitlichen China-Mission.

Als erster Europäer der Neuzeit hatte der Italiener 1583 die kaiserliche Erlaubnis erhalten, sich in China aufzuhalten. Er hielt es für klug, in der chinesischen Hochkultur erst »die gebildeten Klassen durch Vermittlung der westlichen Wissenschaft und weitgehendes Eingehen auf die vorgefundenen Werte« zu umwerben, so sein Biograf, der Schweizer Jesuit Paul Oberholzer.

Diese sogenannte Akkomodationsmethode setzt auf kulturelle Anpassung, um im Wege eines intellektuellen Austauschs die eigene Glaubenslehre einzuschleusen.

Ricci schrieb über 20 naturwissenschaftliche Bücher in chinesischer Sprache, führte Neuheiten ein wie Prismen aus Muranoglas, europäische Malerei und Holzschnitte; er fand Freunde und Unterstützer in höchsten Kreisen. Sogar das Wohlwollen des Kaisers, dem er mechanische Uhren schenkte, gewann der Italiener und präsentierte um 1602 die erste Weltkarte im Stil europäischer Karten, auf der das Reich der Mitte – den Erwartungen seiner Auftraggeber gemäß – ebendort lag: in der Mitte der Welt.

Effektiv verlief der frühe internationale Kultur- und Wissenstransfer, weil beide Seiten davon profitierten. Hinter sichtbaren Erfolgen, wie der Reform der chinesischen Landwirtschaft, blieben die geistlichen Erträge allerdings zurück. 1585, kurz nach Riccis Ankunft, lebten in ganz China insgesamt 18 Christen, bei seinem Tod 25 Jahre später waren es gerade mal 2500 – etwa 0,001 Prozent der Gesamtbevölkerung.

Insbesondere gelang den Missionaren nicht, was sie sich vorgenommen hatten: möglichst viele Mitglieder der oberen Zehntausend vom christlichen Glauben zu überzeugen. Umfassend gebildete Jesuiten wie Ricci wussten, warum in China eine Konversion breiter Bevölkerungsschichten allenfalls von oben gelingen konnte: Wer hier Christus predigen wollte, kam an Konfuzius nicht vorbei.

Da Schöpfergott und Dreifaltigkeit für die europäischen Glaubensboten unverhandelbar waren, bemühte sich der sendungsbewusste Italiener, einen Urkonfuzianismus freizulegen, dessen Grundregeln – wie Nächstenliebe, Aufrichtigkeit, Respekt für Eltern und Vorfahren – durchaus mit dem Christentum vereinbar waren. Da er den Konfuzianismus nicht als Religion, sondern als Weltanschauung ansah, war es nach Riccis Verständnis möglich, Konfuzianer zu sein und Christ zu werden, eine Auffassung, die aber offenbar wenig Gehör fand.

Riccis Nachfolger Schall schreckte deshalb auch vor unkonventionellen Maßnahmen nicht zurück, wenn es darum ging, die euro-asiatische Kooperation auszuweiten. In den Wirren am Übergang zwischen den Herrscherdynastien der Ming und der Qing war seine Mission nicht ungefährlich, mehrfach musste er seine Jesuiten-Niederlassung gegen Angriffe verteidigen. Einmal ergriff der Hausherr persönlich ein Samuraischwert, um Banditen in die Flucht zu schlagen: »Der Bart« – er meinte seinen eigenen – »hätte für die ganze Meute gereicht«, notierte der Priester kokett.

Dennoch machte der Rheinländer sich selbst und seinen Orden trotz wechselnder Machtverhältnisse unentbehrlich für Kaiser und Reich. Dabei half dem Ordensmann ein Teenager.

Noch nicht ganz 13 Jahre alt war der zur Mandschu-geführten Qing-Dynastie gehörende Shunzhi, als er 1651 den Drachenthron bestieg. Der frühreife Knabe verhielt sich nach Auskunft von Chronisten wie die meisten Pubertierenden. Sein Sport, die

Jagd, war ihm das Wichtigste, am liebsten lebte er in den Tag hinein. Er war reizbar, eigensinnig und testosterongesteuert.

Unumschränkt beherrschte dieser Junge ein riesiges Reich. Er hätte beträchtliches Unheil anrichten können. Aber Shunzhi wählte sich Adam Schall als Lehrer und Mentor in allen Fragen des Lebens und der Politik. Mafa nannte er ihn, was auf Mandschurisch »Großvater« heißt. Zu jeder Tages- und Nachtzeit hatte Mafa Zutritt zum Kaiser. Er brauchte nicht wie die anderen den Kotau zu machen, also dreimal niederzuknien und neunmal mit der Stirn die Erde zu berühren.

Mafa erwirkte Geld für Arme, die Winterkleidung für die Mitarbeiter seiner Sternwarte und die Renovierung des Missionshauses. Er verhinderte, dass sich der jugendliche Herrscher mit marodierenden Banden schlug, bat um Gnade für willkürlich Verurteilte, erreichte Straferlasse.

Der Pater durfte Wahrheiten aussprechen, die jeden anderen den Kopf gekostet hätten. Als der Kaiser ihn einmal fragte, warum so viele Beamte ihre Pflichten vernachlässigten, antwortete der schlagfertige Kölner: »Sie richten sich nach Eurer Majestät.« Der Herrscher errötete, nahm es aber nicht übel.

Quasi beiläufig erzog der mittlerweile 59-jährige Missionar den unerfahrenen Monarchen, der sogar zu seinem väterlichen Freund nach Hause kam und mit ihm über Gott und die Welt sprach. Der Kaiser ließ sich den christlichen Gottesbegriff, das Glaubensbekenntnis und die Zehn Gebote erklären, hörte sich Geschichten von Heiligen an und besuchte die barocke Kirche, die Schall nach eigenen Plänen in Peking hatte bauen lassen.

Schalls Einfluss war beträchtlich: »Rückblickend«, urteilte der Historiker Alfons Väth über die Amtszeit des jungen Herrschers, »möchte man fast behaupten, dass Tang Ruowang der eigentliche Regent Chinas war.« Nur den Kaiser zum Christentum zu bekehren, das gelang ihm nicht.

Wie schon bei Ricci und seinen Brüdern verlief auch unter Schall die Mission ziemlich schleppend. Sicher trugen die innenpolitischen Verwerfungen dazu bei. Kurz keimte unter den Europäern Hoffnung auf, als der letzte in Südchina proklamierte Ming-Kaiser etliche Christen an seinen Hof berief.

Die Kaiserinmutter, getauft auf den Namen Helena, bat in einem Brief Papst Innozenz X. um mehr China-Missionare zur Unterstützung der Ming; leider traf die Antwort des Vatikans erst ein, als die Absenderin tot und ihre Dynastie längst untergegangen war. Der selbstbewusste Gottesdiener Schall stand seinem Erfolg vielleicht aber auch selbst im Weg. Denn ein wenig band den kaiserlichen Günstling wohl auch die Nähe zur Macht, sie hielt ihn von weitergehenden Missionsbemühungen ab.

Große Wertschätzung erfuhr der Gesandte von Kaiser wie Kirche für den fruchtbaren akademischen Austausch. So konnten die Jesuiten dem Hof nach siebenjähriger Arbeit ein 150-bändiges, reformiertes Kalenderwerk vorlegen.

Bei seinen eigenen Leuten, den Ordensoberen, kam dagegen nicht gut an, dass Schall für seine wechselnden Thronherren eigenhändig Kanonenkugeln goss. Schall, der als erster Europäer zum Direktor des Astronomischen Amtes und zum Mandarin der ersten Klasse ernannt worden war, behauptete, er habe als kaiserlicher Beamter keine Wahl gehabt.

Die Vertrautheit Tang Ruowangs mit dem höchsten Mann im Staat provozierte auch weltlichen Neid und Hass. So wurde dem greisen Gottesdiener nach dem Tod seines erst 22-jährigen Schutzpatrons von Christengegnern, Hofschranzen und wissenschaftlichen Konkurrenten 1664 der Prozess gemacht. Die Religion des Kreuzes sei »eine giftige Schlange«, wetterte Schalls Nachfolger im Astronomischen Amt, er werde »ihr den Kopf zertreten. Der Kopf ist Tang Ruowang.«

Der von einem Schlaganfall schwer angeschlagene Jesuit und

einige Mitstreiter wurden des Hochverrats und der Verbreitung falscher astronomischer Berechnungen angeklagt. Tatsächlich aber nutzten die Ankläger die Chance, die christliche Religion vor Gericht zu stellen. Sie sei der chinesischen Sitte feindlich gesinnt, widerspreche den traditionellen Weltanschauungen, verderbe und verführe zum Aufruhr. Zwar wurde der zum Tod durch Zerstückelung bei lebendigem Leibe verurteilte Missionar später wieder freigesprochen – Naturkatastrophen nach dem Schuldspruch schüchterten seine schicksalsgläubigen Richter ein.

Die Schrift, die Schalls Mitbrüder zur Verteidigung der Christen vorgelegt hatten, verrät jedoch eine koloniale Heilsgewissheit, die es fragwürdig erscheinen lässt, wie ernst es den westlichen Gottesdienern mit dem Austausch auf Augenhöhe wirklich war. Das Christentum sei »die älteste und vollkommenste Religion«, heißt es da etwa. Auch China sei ursprünglich christlich gewesen. Der erste Kaiser stamme von Adam ab und sei aus Judäa gekommen. »Die Weisheit Chinas«, heißt es einmal, »ist nur ein schwaches Licht gegenüber dem Glanz der christlichen Lehre.«

Das dürften die Chinesen anders gesehen haben. Um 1700 hatte die Kirche etwa 200 000 Mitglieder; für lange Zeit war der Höchststand erreicht, bis heute bilden Christen eine kleine Minderheit. Haupthindernis einer Christianisierung Chinas, so Jesuit Oberholzer, sei wohl der Umstand gewesen, dass »sich die Chinesen selbst als Repräsentanten einer Hochkultur, wenn nicht sogar der Höchstkultur wähnten«.

Johann Adam Schall von Bell starb 1666 in Peking. Der Sohn des Kindkaisers rehabilitierte ihn: »Du hinterlässt uns unsterblichen Ruhm und die Ehre deines Namens.« 2014 wurde dem deutschen Mandarin sogar ein Denkmal errichtet – allerdings in seiner alten Heimat, in Lüftelberg bei Köln.

Große Dinge geschehen

Die Pietisten stellten erstmals das freie Individuum in den Mittelpunkt des Glaubens. Gegen orthodoxe Prinzipienreiterei setzten sie das religiöse Gefühl des Einzelnen. Damit wurden sie zur wichtigsten protestantischen Reformbewegung.

Von Uwe Klußmann

Sehr christlich ging es nicht zu in Deutschland nach dem Dreißigjährigen Krieg. Viele Männer hatten ihren Lebensunterhalt über Jahre in Söldnertruppen und Räuberbanden verdient und waren verroht. Bildungsferne Rabauken waren vielerorts zahlreicher als bibelfeste Kirchgänger.

Dem Protestantismus war vom ursprünglichen Schwung zur Erneuerung der Gesellschaft kaum noch etwas anzumerken. Die orthodoxen Lutheraner hatten sich zunehmend unter der Fürstenmacht eingerichtet.

Zudem habe die »traumatische Erfahrung des Dreißigjährigen Krieges«, so die Historikerin Barbara Hoffmann, »ein Bedürfnis nach Reinigung und Vergewisserung« geweckt. In dieser Lage trat im Protestantismus eine innerkirchliche Reformbewegung auf: die Pietisten. Sie wandten sich ab von den lutherischen Kirchen und propagierten eine individualisierte, mehr vom Gefühl als vom Verstand geprägte Frömmigkeit. Ihnen ging es darum, die Herzen der Gläubigen zu berühren. Nicht mehr äußere Normen sollten die religiöse Praxis leiten; jeder Einzelne sollte christliche Tugenden wie Selbstbeherrschung, Mäßigung und Geduld aus dem Glauben heraus entwickeln.

Führender Kopf war der Elsässer Philipp Jakob Spener, geboren 1635. Mit 28 Jahren war er Prediger am Straßburger Münster, mit 31 bereits Senior der lutherischen Pfarrerschaft in Frankfurt am Main und mit 51 kursächsischer Oberhofprediger in Dresden am Hofe Johann Georgs III. Als sich der asketische Theologe mit dem genussfreudig barocken Fürsten überwarf, zog er 1691 nach Berlin und wurde Propst und Konsistorialrat an der Nikolaikirche.

Doch auch mit der lutherischen Amtskirche geriet er aneinander. Spener beklagte seit 1675 in seinem grundlegenden Werk »Pia Desideria« (Fromme Wünsche) das »Elend der christlichen Kirchen«. Viele lutherische Geistliche seien der »Fleischeslust, Augenlust und hoffärtigem Leben« verfallen. Dies sei verhängnisvoll in der gegenwärtigen Lage, in welcher man die wahre Kirche nicht mehr erkenne, sie zudem bedroht sei durch die katholische Irrlehre und die »schwere türkische Tyrannei« in den vom Osmanischen Reich besetzten Gebieten Südosteuropas.

Der Amtskirche mit ihren Gebrechen setzte Spener ganz lutherisch-orthodox die Heilige Schrift entgegen. Daraus schöpfte er die »Hoffnung auf einen besseren Zustand der Kirche hier auf Erden«. Spener erinnerte an die Urchristen und rief dazu auf, »das Werk der Heiligung in uns zu verrichten«. Mit dem »allgemeinen Priestertum aller Gläubigen« wollte er die Mitarbeit von Laien in der Kirche fördern, setzte auf die fromme Tat und die Praxis des Glaubens. Predigten sollten vor allem der inneren Erbauung der Menschen dienen. Vage stellte Spener seinen

Lesern und Zuhörern eine Wiedergeburt als neue christliche Existenz in der Ordnung Gottes in Aussicht.

Bei vielen Lutheranern traf Spener damit einen Nerv. An ganz unterschiedlichen Orten fand der Erneuerer Gleichgesinnte und Schüler. Der bekannteste von ihnen war der Theologe und Pädagoge August Hermann Francke, rund drei Jahrzehnte jünger als Spener. Er griff Speners Ideen auf und verband die geistliche Reform mit höchst praktischem Wirken in der Welt: Streben nach sozialer Verantwortung dank innerem Erleben des Glaubens – so lässt sich Franckes pietistische Überzeugung zusammenfassen.

Als Pfarrer im Halleschen Vorort Glauchau sah Francke das Elend vieler Kinder und Jugendlicher, die ihre Eltern verloren hatten und obdachlos geworden waren. Viele von ihnen empfand der Theologe als »rohe, wüst und wilde« und als »frech in allen Lüsten«, wie er es in Schriften formulierte. Oft sprach er über die Sündigkeit des natürlichen Menschen. Francke nahm sich vor, die geistige und sittliche Not zu bekämpfen. Er setzte auf Erziehung durch den Geist Gottes, wie er ihn verstand, in Abkehr von weltlichen Genüssen und dem »bösen Samen des menschlichen Herzens«.

Seit 1695 begann er, elternlose Kinder zu unterrichten. 1698 legte er in Halle den Grundstein für ein neues Waisenhaus. Mithilfe großzügiger Spender errichteten Francke-Freunde innerhalb von drei Jahrzehnten Schul- und Wohneinrichtungen, Werkstätten und Gärten. So entstanden die bis heute existierenden Franckeschen Stiftungen in Halle.

Seine Zöglinge unterwarf Francke einem strengen Reglement. Sie mussten im Sommer um fünf Uhr, im Winter um sechs aufstehen und hatten täglich sieben Stunden Unterricht. Freizeit gab es kaum. Francke ging es darum, »den Willen unter den Gehorsam zu bringen«. Wer sich widersetzte, bekam, wie es damals üblich war, auch körperliche Gewalt zu spüren; eingeschränkt jedoch durch Franckes Mahnung, man solle in der Disziplin Maß halten und die Knaben nicht »braun und blau schlagen«.

Verboten war den Jugendlichen »das weltübliche Tanzen«, das »Toback-Rauchen« und selbst der Besuch von »Komödien, Opern und öffentlichen Narren-Spielen«. Für Waisenkinder und junge Obdachlose war Franckes Anstalt dennoch attraktiv, viele von ihnen hatte er, wie er sich rühmte, »von der Straße und aus der Gosse« geholt. Sie bekamen regelmäßig zu essen, lernten lesen und schreiben. Die Bildung befähigte sie, später als Handwerker, Knecht oder Magd zu arbeiten.

Das pietistische Konzept der »christlichen Unterweisung« zielte auf Haltung und Lebensgestaltung. Seine am Gemeinwohl orientierte Praxis passte zum 1701 begründeten Königreich Preußen. Dies erkannte der preußische König Friedrich I., der Francke 1702 Steuerprivilegien bestätigte und verfügte, nur Francke selbst solle das Hallenser Stiftungswerk leiten.

Doch Franckes Bildungs- und Erziehungsarbeit war nicht national beschränkt. Francke pflegte Kontakte nach Holland und Frankreich, seine Schulen zogen auch Schweizer, Engländer, Tschechen, Slowaken, Ungarn und Russen an. Zar Peter der Große, interessiert an europäischer Bildung, schickte 1719 einen Gesandten zu Francke. Der Russe diskutierte mit ihm über die Gründung von Schulen in Russland nach dem Hallenser Vorbild. Wie eng der geistige Kontakt zwischen den Hallensern und dem Zarenhof war, zeigte sich, als der Francke-Schüler Laurentius Blumentrost der Jüngere 1724 auf Wunsch von Zar Peter die Russische Akademie der Wissenschaften gründete und deren erster Präsident wurde.

Der Pädagoge hatte hochgesteckte Ziele: Was im Waisenhaus begann, sollte eine Weltreform der Bildung werden. Dazu gehörte auch Bildung für den weiblichen Teil der Christenheit. In Halle gründete Francke die erste deutsche höhere Mädchenschule, das Gynaeceum. Dabei sollten die »Waisen-Mägdelein«, so Francke, »zu aller Zucht und Ehrbarkeit« und zu »anständigen Sitten« erzogen werden.

Francke war überzeugt: Glaubenserlebnisse konnte man üben. Den Weg dahin erklärte er zum Beispiel in seinem Aufsatz »Kurzer Unterricht, wie man die Heilige Schrift zu seiner wahren Erbauung lesen sollte«: Die Gläubigen sollten ihre Bibellektüre mit einem Gebet an Gott beginnen und ihm »genugsam danken, dass Du uns Deinen heiligen Willen in Deinem Wort so gnädig geoffenbaret hast.« Weiter riet Francke zu »lauter Gebet und Seufzen«; beenden solle man das regelmäßige Bibellesen stets mit dem Dank »für diese große Gnade, dass Du mich mit dem edlen Manna Deines göttlichen Worts an meiner Seele gelabet, gestärket und erquicket hast«.

Mit seinem empfindsamen Ansatz, der auf Gefühl und innere Haltung setzte, sprach der Pietismus gerade auch Frauen aus dem protestantischen Bildungsbürgertum an. Ihnen standen im 18. Jahrhundert sonst wenige Möglichkeiten zur Selbstentfaltung offen. Schon der Begründer der Bewegung, Spener, hatte ab 1670 für kurze Zeit in Frankfurt am Main private »Erbauungsstunden« mit Bibellektüre organisiert, an denen Frauen teilnehmen durften. Um den Anstand zu wahren, waren bei diesen Versammlungen weibliche Teilnehmer von männlichen durch eine bewegliche Wand getrennt. Sie mussten den diskutierenden Männern schweigend zuhören.

In der Folge jedoch meldeten sich verstärkt Pietistinnen zu Wort, die ihre Gedanken und Emotionen auch öffentlich äußerten. Eine von ihnen war Johanna Eleonora Petersen (1644 bis

1724). Die Tochter verarmter Adeliger war zunächst bei einer Herzogsfamilie in Sachsen als Hofjungfer und Kammerfräulein tätig und von Jugend an sehr fromm. Zum Pietismus stieß sie durch eine Bekanntschaft mit Spener und seinem Mitstreiter Johann Jakob Schütz, die sie auf einer Reise kennenlernte.

Ihre Autobiografie (»Leben, von ihr selbst mit eigener Hand aufgesetzet«, 1718) dokumentiert umfassend das Lebensgefühl einer Frau, die ihr Leben dem Pietismus widmete. Selbstvergewisserung und Selbstanalyse durch das Schreiben standen dabei obenan: Briefe und Tagebücher wurden zu Vehikeln frommer Übung. Geistiger Austausch im Schriftlichen festigte das Gefühl der Zusammengehörigkeit. Er half, Unsicherheiten in der Lebensführung zu überwinden und sich über das religiöse Selbstverständnis klar zu werden.

In ihrem Lebensbericht schilderte Petersen, dass sie schon in jungen Jahren »gerne lase und betete« und »offt die Predigt in allen Puncten wiedererzählen kunte«. Ganz dem Pietismus verschrieben aber habe sie sich erst im Zuge des Briefkontakts zu den »zwey rechten Gottes-Männern« Spener und Schütz.

Sie habe, so Petersen weiter, als Kind stets »einen Greuel an unkeuschen Reden und Geberden gehabt« und sei »in keiner Gesellschaft geblieben, wo es nicht keusch und ehrbar zugegangen«. Der Welt zudringlicher Zotenreißer stellte sie »Selbst-Erkänntniß« und »wahre Hertzens-Demuth« gegenüber. Sie bekannte, »alle vergängliche Lust, wodurch nur das Fleisch und nicht der Geist erquicket« werde, habe sie »abgelehnet«. Vielmehr wolle sie, dass Gott »das Wort in meinem Herzen lebendig machte«. So könne sie »göttlicher Natur theilhafftig« werden. Besonders wichtig war ihr, dass im Glauben »die Thätigkeit dabei ist« – darin liege »mehr Segen und Gnade als in tausend Worten ohne Tat«.

Beunruhigungen und Verdächtigungen wie die, eine von ihr erzogene Tochter einer Schwester sei ein uneheliches Kind, sah Petersen als Angriffe des Teufels. Solche Deutungen waren unter Pietisten nicht selten: Unliebsame Zeitgenossen wurden schnell zu Werkzeugen des Bösen gestempelt. Auch die Juden sah Petersen dem Zeitgeist entsprechend negativ. Sie akzeptierte sie nicht als Anhänger einer eigenständigen Religion, sondern als Verirrte, die es zu missionieren galt. Die »künfftige Bekehrung der Juden und Heyden« sah sie als wichtiges Ziel. Dies habe ihr »der treue Gott im Jahre 1664 vermittels eines Traumes eröffnet«.

Überhaupt spielten geradezu mystische Erfahrungen in der verinnerlichten Religionspraxis eine große Rolle. Johanna Eleonora Petersen behauptete, sie habe schon im 18. Lebensjahr im Traum die Stimme eines Mannes sagen hören: »Siehe, zu der Zeit werden anfangen große Dinge zu geschehen und Dir soll etwas eröffnet werden.« Später beschäftigte sie sich intensiv – wie auch andere Glaubensschwestern – mit den Endzeitvisionen. Sie sprach vom »tausendjährigen Reich in der heiligen Offenbarung Jesu Christi«.

Trotz Apokalypse und Mystik: Die meisten Pietistinnen waren wie Petersen sittenstreng und tugendhaft. Doch es gab unter den religiös entflammten jungen Damen auch einige, welche die Abkehr von äußeren Normen auf radikale Weise ernst nahmen.

Die bekannteste von ihnen war Eva Margareta von Buttlar, um 1670 im mitteldeutschen Barchfeld geboren. Sie verließ ihren Ehemann und gab ihre Stellung als Hoffräulein in Eisenach auf, um sich radikalen Pietisten anzuschließen. Mit 32 Jahren gründete sie mit Studenten in Allendorf nordwestlich von Marburg die »Christliche und Philadelphische Sozietät«, die bald 70 Mitglieder zählte. Sie waren davon überzeugt, dass das Tausendjährige Reich der biblischen Apokalypse bald anbrechen werde.

Als der hessische Landgraf ihre Versammlungen verbot, zog die Truppe auf einen Hof in der Grafschaft Wittgenstein in Saßmannshausen. Zu den Führern der Buttlar-Sekte gehörten auch der Medizinstudent Justus Georg Appenfeller und der Theologiestudent Johann Gottfried Winter.

Die Sektierer erklärten Appenfeller zu »Christus« und Eva von Buttlar zur Verlobten des Heiligen Geistes. Es ging in der Truppe nicht nur theologisch freizügig zu. 1705 kam es nach der Verhaftung mehrerer Gruppenmitglieder zu einem Gerichtsverfahren. Die Anklage lautete auf Unzucht, Blasphemie, Abtreibung und zweifachen Säuglingsmord. Eva von Buttlar wurde beschuldigt, sie habe einen »Bund mit dem Teufel« geschlossen und im »Ehebruch mit mehr als 60 Personen gelebt«.

Einstimmen konnte sich das Gericht durch die Schilderung einer Reise des Landgrafen von Hessen-Darmstadt zu den Sektierern. Darin wird Buttlar als »ziemlich lässig, frech und geil« beschrieben – zumindest nicht so unterwürfig, wie man sich Frauen wünschte. Ein Zeuge der Anklage behauptete sogar, die angebliche Verlobte des Heiligen Geistes habe »ihme seine Schamm ergriffen, undt selbst damitt handthieret«, ohne dass er dadurch »von der fleischlichen lust befreyet« worden sei.

Buttlar selbst räumte nur eine Beziehung ein und sagte, sie sei »mit dem Winter verbunden in Gott, nach Leib, Seel und Geist«. Doch auch diese enge Verbindung Winters zu der noch verheirateten Eva von Buttlar war eine ungeheure Provokation.

In der Geschichte des Pietismus gelten die Radikalen um Buttlar fast immer als extreme Separatisten. Jedoch betont die Historikerin Barbara Hoffmann, »die Ernsthaftigkeit der religiösen Erfahrung« sei der Gruppe nicht abzusprechen: Erhaltene Briefe von Buttlars Geliebtem Winter zeigen deutlich, dass es ihm nicht um theologisch legitimierte Ausschweifungen ging, sondern um ein von Obrigkeit und Amtskirche befreites Leben.

Eva von Buttlar und ihre Mitstreiter rebellierten gegen die vorherrschende Moral.

Zu einer ähnlich eigenwilligen Interpretation der neuen Frömmigkeit fand auch Anna von Buchel (1702 bis 1743). Das Dienstmädchen hatte in Elberfeld in pietistischen Erbauungsstunden ihren späteren Mann kennengelernt. Bald verkündete sie, dass sie berufen sei, mit ihm einen neuen Heiland zu zeugen. Mit dieser Botschaft sammelte sie einen festen Kreis von Anhängern um sich, der rund 50 Haushalte umfasste.

Für diese Gläubigen war Anna von Buchel bald nur noch »Mutter Zion«. Weil ihnen Elberfeld als das Babel der Gegenwart erschien, begannen die Zioniten 1737 mit dem Bau einer eigenen Siedlung namens Ronsdorf. Dort sollte das »neue Jerusalem« entstehen. Zu den Anhängern der Gruppe gehörte auch der Prediger Daniel Schleyermacher, Großvater des Theologen Friedrich Daniel Ernst Schleiermacher.

Solche radikalen Zirkel blieben auch im Pietismus die Ausnahme. Die Mehrheit der Pietisten lehnte die traditionelle Moral nicht ab, sondern verinnerlichte sie im Gegenteil sehr stark. Dadurch erschienen die Pietisten oft sogar moralinsaurer als die Amtskirche. Je stärker die Impulse der Aufklärung wirkten, desto häufiger wurde solche steife Frömmigkeit von liberalen Bildungsbürgern verspottet. Ein herausragendes Beispiel dafür ist die Komödie »Die Pietisterey im Fischbein-Rocke«, 1736 zunächst anonym veröffentlicht von der Schriftstellerin Luise Gottsched.

Das Stück spielt im Hause einer Familie Glaubeleicht. Ein Magister Scheinfromm versucht, die naive Frau Glaubeleichtin für eine Ehe ihrer jüngsten Tochter mit seinem Verwandten Herrn Muckersdorff zu gewinnen. In Dialogen parodiert die Komödie die pietistische Sprache samt ihren permanenten Warnungen vor »Lüsten des verderbten Fleisches«. Die Pietisten erscheinen als Heuchler, Betrüger und ebenso lebensfremde wie streitsüchtige Sektierer. Sie werden durch Figuren wie Frau Seuffzer und Frau Zanckenheimin vertreten. Am Ende des Stückes entlarvt ein Herr Wackermann die »falsche Liebe zu den abgeschmackten Schrifften« der Pietisten und warnt vor »Leichtgläubigkeit und Blindheit«.

Doch viele pietistische Gemeinden überstanden die Blütezeit der Aufklärung, auch im 19. Jahrhundert existierten sie weiter. Einer, der unter den Frommen aufgewachsen war, machte sich 1839 in einem Zeitschriftenbeitrag Luft. In seinen anonym erschienenen »Briefen aus dem Wuppertal« schrieb der damals 18-jährige Friedrich Engels, Sohn eines pietistischen Textilfabrikanten, spöttisch von »unserem Muckerthale«.

Erbarmungslos verurteilte der junge Mann die geistige Welt seiner Herkunft. Pietisten, so Engels, seien Leute, die »zur schroffsten Intoleranz« neigten, die »komplette Ketzergerichte in den Versammlungen« abhielten und »die kaum wissen, ob die Bibel chinesisch oder hebräisch oder griechisch geschrieben« sei. Zudem, so Engels, sei »ausgemacht, dass unter den Fabrikanten die Pietisten am schlechtesten mit ihren Arbeitern umgehen«. Ließen sie »ein Kind mehr oder weniger verkommen«, brächte dies »keine Pietistenseele in die Hölle«.

Der junge Engels versprach, er werde »mit dem Pietismus und dem Buchstabenglauben kämpfen, so lange ich kann«. Zu dieser Zeit konnte er nicht ahnen, dass auch die kommunistische Bewegung, die er wenige Jahre später gemeinsam mit Karl Marx begründete, Buchstabengläubige, Eiferer und »schroffste Intoleranz« hervorbringen sollte – »Ketzergerichte« inklusive.

»Sinn und Gefühl für das Unendliche«

Nach der Aufklärung glaubten viele Gebildete mehr an die Vernunft als an Gott. Der Berliner Theologe Friedrich Schleiermacher versuchte, Religion und Rationalität zu versöhnen. Damit schuf er die Grundlagen des modernen Protestantismus.

Von Joachim Mohr

»Nicht der hat Religion, der an eine heilige Schrift glaubt, sondern der, welcher keiner bedarf und wohl selbst eine machen könnte.«

Friedrich Schleiermacher (»Über die Religion. Reden an die Gebildeten unter ihren Verächtern«, 1799)

In Johann Wolfgang von Goethes Tragödie »Faust« will Gretchen von ihrem Liebhaber wissen: »Nun sag, wie hast du's mit der Religion? Du bist ein herzlich guter Mann, allein ich glaub, du hältst nicht viel davon.« Es ist die berühmte Gretchenfrage.

Der schon ältere Gelehrte Heinrich Faust weicht einer klaren Antwort aus: »Nenn's Glück! Herz! Liebe! Gott! Ich habe keinen Namen dafür. Gefühl ist alles, Name Schall und Rauch.«

Die Mehrheit des deutschen Bürgertums am Ende des 18. Jahrhunderts – der erste Teil von Goethes »Faust« erschien als Fragment 1790 – hätte wohl ähnlich antworten können. Unter den Gebildeten verloren Kirche und Religion ihre Überzeugungskraft; im Sog der Aufklärung des 18. Jahrhunderts glaubte man weit eher an die Kraft der reinen Vernunft. Der sonntägliche Kirchgang galt nicht mehr als Pflicht, die Sorge um das Seelenheil begann sich von den Dogmen der Kirche zu lösen. Der Theologe Karl Gottlieb Bretschneider, seit 1816 Generalsuperintendent in Gotha und keineswegs ein Vernunftgegner, klagte »über die Unkirchlichkeit dieser Zeit im protestantischen Deutschland«.

Wie der Katholizismus reagierte auch der Protestantismus auf die Anforderungen der modernen Zeit mit dem Versuch, sich zu erneuern. Die protestantische Glaubenswelt zerfiel Anfang des 19. Jahrhunderts nicht nur in die zwei Konfessionen der Lutheraner und der Reformierten, sondern wies auch innerhalb der beiden großen Blöcke verschiedene Richtungen auf.

Neben den Orthodoxen, die an der alten Ordnung und der überlieferten Dogmatik festhielten, gab es die Pietisten, die den Kern des Glaubens nicht in Lehrsätzen, sondern in der individuellen Erweckung sahen (siehe Seite 182). Daneben standen die Anhänger des theologischen Rationalismus, die versuchten, die Vernunft der Aufklärung mit der biblischen Offenbarung zu vereinen.

Den Protestantismus mit der Moderne zu versöhnen wurde zur Lebensaufgabe des Berliner Theologen Friedrich Daniel Ernst Schleiermacher. Er setzte alles daran, das evangelische Christentum mit Vernunft und Humanität zu verbinden, ohne das innerliche Erlebnis des Glaubens preiszugeben. Schleiermacher, der »Kirchenvater des 19. Jahrhunderts«, gilt vielen bis heute als wichtigster protestantischer Theologe nach Martin Luther.

Seine ersten religiösen Erfahrungen waren die schlichter Frömmigkeit. Geboren 1768 in Breslau, schickte ihn der Vater, ein Militärgeistlicher, mit 14 Jahren zur pietistischen Herrnhuter Brüdergemeine, um den Jungen gegen moderne theologische Versuchungen zu immunisieren. Doch schon nach ein paar Jahren spürte Schleiermacher die Widersprüche zwischen pietistisch strenger Lebensführung und jugendlichem Freiheitsdrang, zwischen christlichem Dogma und kritischem Denken.

Er begann, an der Universität Halle Theologie zu studieren, beschäftigte sich dort aber auch intensiv mit Philosophie, vor allem mit den Schriften Immanuel Kants, des großen Denkers der Spätaufklärung. Schleiermacher geriet in eine Glaubenskrise; an seinen Vater schrieb er zweifelnd: »Gott kann die Menschen, die er offenbar nicht zur Vollkommenheit, sondern nur zum Streben nach derselben geschaffen hat, unmöglich darum ewig strafen wollen, weil sie nicht vollkommen geworden sind.«

Seinen Glauben verlor er dennoch nicht. Nach dem Studium und einigen Jahren als Hauslehrer wurde er mit 28 Jahren Prediger am Berliner Krankenhaus Charité. In der Metropole öffnete sich ihm eine völlig neue Welt: Im berühmten Salon der Jüdin Henriette Herz lernte er Adlige, Intellektuelle und Schöngeister kennen; er freundete sich mit dem Kritiker Friedrich Schlegel an, traf die Brüder Wilhelm und Alexander von Humboldt – der eine Staatsmann, der andere Naturforscher –, er begegnete den Dichtern Ludwig Tieck und Jean Paul.

Friedrich Schlegel, der zeitweise mit Schleiermacher zusammenwohnte, urteilte respektvoll: »Schleiermacher ist ein Mensch, in dem der Mensch gebildet ist, und darum gehört er freilich für mich in eine höhere Kaste.« Und: »Sein ganzes Wesen ist moralisch.«

Nach der Abkehr von der pietistischen Frömmigkeit seiner Jugend hatte Schleiermacher nach dem Vorbild Kants die

Religion fast nur noch auf Morallehren reduziert. Doch nun, unter dem Einfluss seines schwärmerisch-romantischen Bekanntenkreises in Berlin, erschloss er sich ein neues Verständnis der Religion jenseits sowohl der theologischen Dogmatik als auch der rationalen Wissenschaft.

1798 begann Schleiermacher an einem Manuskript zu arbeiten, das im Sommer darauf erstmals erscheinen sollte, ihn berühmt machte und seinen Ruf als bedeutender Theologe begründete: »Über die Religion. Reden an die Gebildeten unter ihren Verächtern«.

In seinem Plädoyer erklärte Schleiermacher, was Religion für ihn in ihrem Kern war: »Sinn und Geschmack fürs Unendliche«. Der Glaube besteht seiner Ansicht nach unabhängig von Moral und Metaphysik. Vielmehr sei die Religiosität genauso fundamental human wie Denken und Handeln: »Der Mensch wird mit der religiösen Anlage geboren, wie mit jeder anderen.« In einem späteren Werk spricht er vom »Bewusstsein schlechthinniger Abhängigkeit« des Menschen vom Universum.

Schleiermacher stellte also der reinen Vernunft das religiöse Gefühl gegenüber. Dieses Gefühl ist nicht gefangen in den kirchlichen Dogmen, sondern für jeden individuell erfahrbar. So muss auch jede Epoche ihre eigenen theologischen Erklärungen finden. Heute urteilt Rüdiger Safranski, der seit 2012 an der Freien Universität Berlin Honorarprofessor ist: »Wenngleich Schleiermacher die Religion als Gefühl der schlechthinnigen Abhängigkeit bezeichnet, so leugnet er keinesfalls die Freiheit.« Schleiermacher rufe zur Autonomie im Glauben auf.

Schleiermachers engagiert geschriebenes Buch wurde in Berlin von vielen Romantikern begeistert aufgenommen; Friedrich Schlegel verfasste gar ein Sonett auf die »Reden«. Dem damals schon berühmten Goethe war das Ganze allerdings viel zu christlich, wenngleich er Schleiermacher wegen seiner Bildung lobte.

Begegnet sind sich Schleiermacher und Goethe zwei Mal, im Juli und August 1805 auf Gesellschaften in Halle, allerdings nur flüchtig. In einem Brief an Henriette Herz schreibt Schleiermacher: »Er war gleich das erste Mal sehr freundlich zu mir, aber freilich ins rechte Sprechen bin ich noch nicht mit ihm gekommen.«

In Berlin fand sich Schleiermacher persönlich in einer sehr angespannten Lage. In der Salonnière Henriette Herz hatte er eine Seelenverwandte gefunden, »wobei von Mann und Frau aber gar nicht die Rede ist«, wie er schrieb. Seine häufigen Treffen mit der verheirateten Intellektuellen, darunter Spaziergänge in trauter Zweisamkeit, gaben Anlass zu delikaten Gerüchten. Henriette Herz vermerkte in ihren Erinnerungen: »Es fehlte auch nicht an Leuten, welche, die Innigkeit unseres Verhältnisses kennend, ein anderes Gefühl als das der Freundschaft in uns voraussetzten. Sie waren im Irrtum.« Die Beziehung sollte bis zu Schleiermachers Tod halten.

Daneben war Schleiermacher von 1798 an sieben Jahre gefangen in tiefer, aber unerfüllter Liebe zu Eleonore Grunow, der Frau eines ebenfalls protestantischen Predigers. In einem Brief an einen Freund schrieb er: »Ich weiß nicht, ob sich irgendjemand meinen Zustand denken kann; es ist das tiefste ungeheuerste Unglück – der Schmerz wird mich nicht verlassen.«

Im Jahr 1804 wurde Schleiermacher Professor für Theologie und Philosophie in Halle. 1807 kehrte er nach Berlin zurück, wo er an der neu gegründeten Universität bis zu seinem Lebensende einen Lehrstuhl für Theologie innehaben sollte. 1809 heiratete er, inzwischen 40 Jahre alt, die 20 Jahre jüngere Henriette von Willich, die Frau eines früh verstorbenen Freundes. Henriette brachte aus ihrer ersten Ehe zwei Kinder mit; Schleiermacher und sie bekamen noch vier eigene. Nach außen präsentierten die beiden ein harmonisches Familienglück. Intern kriselte es jedoch schnell und schwer.

Schleiermachers Produktivität jedoch litt unter den privaten Miseren nicht. An der Berliner Universität wurde er zu einer bedeutenden Größe, im deutschsprachigen Raum als einer der wichtigsten Intellektuellen der Zeit wahrgenommen. Neben der Theologie dozierte er auch über Philosophie, Staatslehre, Hermeneutik und Pädagogik. Jahre verwendete er an die Übersetzung der Werke Platons – es ist bis heute die wichtigste deutschsprachige Übertragung.

Gottesfurcht und kritisches Denken, religiöser Glaube und aufklärerische Vernunft waren bei Schleiermacher keine Gegensätze mehr. In seinen Schriften legte er die Grundlagen für einen liberalen Protestantismus und ermöglichte so den bürgerlichen Schichten, »Wissenschaft und Philosophie guten Gewissens mit dem evangelischen Glauben zu vereinbaren«, wie der Historiker Thomas Nipperdey schrieb.

Am 12. Februar 1834 starb Friedrich Schleiermacher, 65 Jahre alt, in Berlin im Kreis seiner Familie an einer Lungenentzündung. Dem Leichenzug zum Friedhof der Dreifaltigkeitsgemeinde schlossen sich etwa 30 000 Menschen an. Ein Augenzeuge notierte: »Vielleicht sah Berlin nie solches Trauerbegräbnis. Der Zug ging endlos durch die Straßen. Es war eine Anerkennung des Geistes, wie sie selten gesehen wird.«

Stille Nacht

In seiner Erzählung »Die Weihnachtsfeier« beschreibt Schleiermacher ein bürgerliches Christfest um 1800 – nicht mehr in der Kirche, sondern im heimischen Wohnzimmer.

Von Joachim Mohr

Anfang Dezember 1805 begann Friedrich Schleiermacher, seine Schrift »Die Weihnachtsfeier. Ein Gespräch« zu verfassen. Eigentlich wollte der Theologe das dünne Bändchen am 24. Dezember auf dem Gabentisch sehen, doch am Heiligen Abend saß er noch über den letzten Passagen. So erschien es erst im Januar 1806.

Schleiermacher schildert in der Gesprächsnovelle detailliert, wie ein Weihnachtsabend in einer gebildeten Bürgerfamilie ablief – in einer Zeit, in der sich das Fest, wie wir es heute kennen, erst herausbildete. Schon vor der Wende zum 19. Jahrhundert hatte sich die Feier der Christnacht aus den Kirchen ins heimelig hergerichtete Wohnzimmer verlagert, war quasi privatisiert worden. »Der freundliche Saal war festlich aufgeschmückt …«, heißt es zu Anfang von Schleiermachers Novelle, die im Haus eines Professors spielt, dessen Familie mit Freunden Weihnachten verbringt.

Niemand in Schleiermachers Erzählung besucht eine Christmette oder -vesper, es wird nicht aus der Bibel vorgelesen und auch nicht gebetet. Weihnachten ist zu einem Fest der Geschenke geworden; gereicht werden »niedliches Kinderzeug«, »Reisegerät«, »Schulbücher«, Noten und Stickereien. Selbst gebastelte Geschenke stehen, wie heute, hoch im Kurs. Zur Erbauung wird ein wenig musiziert. Im Laufe des Abends diskutieren die anwesenden Männer über Sinn und Bedeutung von Weihnachten. Einer bezweifelt den Wahrheitsgehalt der Überlieferung und stellt zur Diskussion, ob »die heilige Geschichte« nur »etwas wie ein Märchen« sei. Er steht für die aufklärerische Kritik am Christentum und sieht sich in der gemeinsamen Feier mehr an Jesus erinnert als durch die Bibel und die Liturgie. »So müssen wir auch glauben, das Andenken an Christum werde in größerem Umfang durch das Fest erhalten als durch die Schrift.«

In einem anderen löst die Geburt Jesu ein Gefühl von Heil aus sich selbst heraus aus: »Der sprachlose Gegenstand verlangt oder erzeugt auch mir eine sprachlose Freude; die meinige kann wie ein Kind nur lächeln und jauchzen.« Für den Glauben bedeute das: »Dass ich das Schöne der Religiosität ehre und liebe; aber sie muss ein Innerliches sein und bleiben.«

Diese Vorstellung entsprach der Erfahrungstheologie, der Schleiermacher sicher nahestand. Die gemeinsame Feier des Freundeskreises, der für den Theologen die eigentliche Kirche bildete, stellte für ihn den Kern des Festes dar.

Andere Theologen warfen Schleiermacher vor, er entwürdige die Geburt Jesu und leiste der Säkularisierung Vorschub. Der Geistliche beschrieb indes nur verbreitete Ansichten zum Weihnachtsfest, und seine Erzählung trifft wohl noch heute vielfach die bürgerliche Lebenswirklichkeit.

Ein festlich geschmückter Weihnachtsbaum stand allerdings wohl noch nicht in Schleiermachers Haus in Halle, als er seine Erzählung verfasste; erst in der zweiten Hälfte des 19. Jahrhunderts sollte sich dieser Brauch von Deutschland aus in die Welt verbreiten.

TEIL IV

MIT GOTT ODER OHNE?

1930 gestaltete der Architekt Wilhelm Ulrich die Kirche »Zur heiligen Dreieinigkeit« (hier die Decke) in Halle (Saale) als modernes Trinitätssymbol.

Der Antichrist

»Gott ist tot«, schrieb der Philosoph Friedrich Nietzsche und gab damit den Ton vor für die Auseinandersetzung der Moderne mit der Religion. Doch so radikal wie er brach kaum jemand mit der christlichen Tradition.

Von Andreas Urs Sommer

Todkrieg gegen das Laster: das Laster ist das Christenthum.
ERSTER SATZ. – Lasterhaft ist jede Art Widernatur. Die lasterhafteste Art Mensch ist der Priester: er lehrt die Widernatur. Gegen den Priester hat man nicht Gründe, man hat das Zuchthaus.
ZWEITER SATZ. – Jede Theilnahme an einem Gottesdienste ist ein Attentat auf die öffentliche Sittlichkeit. Man soll härter gegen Protestanten als gegen Katholiken sein, härter gegen liberale Protestanten als gegen strenggläubige. Das Verbrecherische im Christsein nimmt in dem Maasse zu, als man sich der Wissenschaft nähert. Der Verbrecher der Verbrecher ist folglich der Philosoph.
DRITTER SATZ. – Die fluchwürdige Stätte, auf der das Christenthum seine Basilisken-Eier gebrütet hat, soll dem Erdboden gleich gemacht werden und als verruchte Stelle der Erde der Schrecken aller Nachwelt sein. Man soll giftige Schlangen auf ihr züchten.
VIERTER SATZ. – Die Predigt der Keuschheit ist eine öffentliche Aufreizung zur Widernatur. Jede Verachtung des geschlechtlichen

Lebens, jede Verunreinigung desselben durch den Begriff »unrein« ist die eigentliche Sünde wider den heiligen Geist des Lebens.
FÜNFTER SATZ. – Mit einem Priester an Einem Tisch essen stößt aus: man excommunicirt sich damit aus der rechtschaffnen Gesellschaft. Der Priester ist unser Tschandala, – man soll ihn verfehmen, aushungern, in jede Art Wüste treiben.
SECHSTER SATZ. – Man soll die »heilige« Geschichte mit dem Namen nennen, den sie verdient, als verfluchte Geschichte; man soll die Worte »Gott«, »Heiland«, »Erlöser«, »Heiliger« zu Schimpfworten, zu Verbrecher-Abzeichen benutzen.
SIEBENTER SATZ. – Der Rest folgt daraus.

Gegeben am Tage des Heils, am ersten Tage des Jahres Eins (– am 30. September 1888 der falschen Zeitrechnung)«, unterzeichnet mit »Der Antichrist«, hat der Philosoph Friedrich Nietzsche in den letzten Wochen vor seinem geistigen Zusammenbruch dieses »Gesetz wider das Christenthurn« zu Papier gebracht.

Seiner Mitwelt hat er den ungeheuerlichen Text allerdings noch nicht zugemutet: Von ihm mit einem anderen Blatt überklebt, wurde das »Gesetz« erst später im Nachlass entdeckt. In der kritischen Ausgabe seiner Werke steht es jetzt am Ende jenes Buches, mit dem Nietzsche die »Umwerthung aller Werthe« zu vollziehen hoffte: »Der Antichrist. Fluch auf das Christenthum«. Noch heute jagt dessen Titel allen Frommen und Halbfrommen eisigen Schrecken ein.

Nietzsches Antichristentum ist ein Wendepunkt hin zur Moderne. Vor und nach ihm gab es zwar zahlreiche lautstarke Kritiker des Christentums. Aber keiner hat mit solcher Konsequenz wie Nietzsche die christliche Fundierung unserer moralischen Überzeugungen sowohl herausgestellt als auch verdammt. Selbst die meisten heutigen Atheisten würden mit ihren moralischen Überzeugungen bei Nietzsche keine Gnade finden. Und überdies hat keiner mit solcher Konsequenz wie Nietzsche über eine Welt nachgedacht, in der das religiöse Bedürfnis aufhört, eine Selbstverständlichkeit zu sein.

Wie war der strebsame Philologe und kühne Moralanalytiker zu solchen Positionen gelangt? Der Weg zum Antichristentum war Friedrich Nietzsche jedenfalls nicht vorgezeichnet. Geboren 1844 in Röcken nahe Lützen und damit im Kernland des lutherischen Protestantismus, stammte Nietzsche väter- wie mütterlicherseits aus Pastorenfamilien. Der Vater, Pfarrer in der kleinen Gemeinde, predigte anlässlich seiner Taufe über die Worte aus dem Lukas-Evangelium: »Was, meinest du, will aus dem Kindlein werden?«

Für die Familie stellte sich diese Frage auch nach dem frühen Tod des Vaters im Grunde nicht: Schon als Volksschüler galt der ernsthaft-altkluge Junge, der anhand der lutherischen Bibelübersetzung Lesen und Schreiben gelernt hatte, als »kleiner Pastor«. Als er in das Elite-Internat Schulpforta eintrat, schien sein beruflicher Weg zur Kanzel vorgezeichnet.

Seine Neigungen allerdings waren eher künstlerischer, philologischer und philosophischer Natur. Er übte sich in den Methoden der historischen Textkritik, die im Unterricht zunächst an griechischen und lateinischen Klassikern Anwendung fanden. Im nominell christlichen Pforta blieben auch das Alte und das Neue Testament vor diesem Zugriff auf Dauer nicht verschont. Obwohl der Halbwüchsige damals mit dem Christentum noch nicht offen brach, entfremdete er sich doch von dessen enger, biblizistisch-orthodoxer Auslegung, die in seiner Familie vorherrschte. Der Religionsunterricht festigte seinen Glauben ebenso wenig.

Um den familiären Erwartungen zu genügen, begann Nietzsche nach dem Abitur an der Universität Bonn zunächst neben der Philologie auch Theologie zu studieren. Unter dem Eindruck theologiekritischer Werke wie des epochemachenden Buchs »Das Leben Jesu« (1835/64) von David Friedrich Strauß, das die neutestamentliche Überlieferung als reine Mythologie verstand, gab er die Theologie freilich bald ernüchtert auf. Als er in seinen ersten Ostersemesterferien nach Hause kam, weigerte er sich, am Abendmahl teilzunehmen.

Damit hätte, wie bei so vielen Wissenschaftlern seines Jahrhunderts, Nietzsches Auseinandersetzung mit dem Christentum schon zu Ende sein können. Die bange und zugleich hoffnungsfrohe Frage des Vaters, »Was will aus dem Kindlein werden?«, hätte eine epochentypische Antwort gefunden: ein agnostischer Gelehrter, der zur christlichen Überlieferung ironische Distanz hält, ohne sie direkt anzugreifen und ohne sich weiter um sie zu scheren.

Tatsächlich weisen die ersten Schritte von Nietzsches intellektueller Karriere genau in diese Richtung: Für den klassischen Philologen, der blutjung auf eine Professur in Basel berufen wurde, war das Christentum zunächst kein Thema. Und auch in seinem 1872 veröffentlichten philosophischen Erstling, »Die Geburt der Tragödie aus dem Geiste der Musik«, mit dem er sich in der philologischen Zunft unmöglich machte, ist Christliches oder Antichristliches auf der Textoberfläche kaum zu erkennen. Rückblickend meinte er, in diesem Werk dem Christentum gegenüber »behutsames und feindseliges Schweigen« gewahrt zu haben.

In Basel hatte sich Nietzsche inzwischen mit dem Theologieprofessor Franz Overbeck angefreundet. Dieser hatte zwar angehenden Pfarrern Neues Testament und Kirchengeschichte nahezubringen, war jedoch zutiefst skeptisch angesichts des christlichen Anspruchs, die Welt erklären und dem Menschen Halt geben zu können.

Für Overbeck war das Christentum ein antikes Relikt, dessen frühe Repräsentanten, die Kirchenväter, bereits den ursprünglich kompromisslos weltabgewandten und weltflüchtigen Charakter dieser Religion verraten hätten. Das neuzeitliche Christentum erschien ihm nur mehr als Gespenst, als verwesender Leichnam ohne jede Bindungskraft.

Im Gespräch mit dem unerbittlich scharfsichtigen Overbeck verstärkte sich bei Nietzsche die Einsicht in die Desillusionsmacht historischer Kritik, die alle Geltungsansprüche als geschichtlich geworden, als geschichtlich bedingt und als geschichtlich hinfällig herausstellt: Die Bibel ist nichts weiter als ein Buch unter zahllosen anderen Büchern, geschrieben von Menschen für Menschen aus einer völlig anderen Zeit in völlig anderer Umgebung – Menschen, die uns nichts mehr zu sagen haben, was uns für unser eigenes Leben noch etwas bedeuten könnte. Unter dem historisch-philologischen Zugriff zersetzt sich das Christentum als lebensbestimmende Macht.

Overbeck verharrte auf dem Standpunkt wissenschaftlicher Kritik; ihm lag nicht daran, der Menschheit neue Sinnhorizonte zu erschließen. Nietzsche aber empfand diese heroische Leere als ungenügend, ja unerträglich. Er sehnte sich nach einem neuen Mythos, einem neuen weltanschaulichen Rückgrat.

Er fand es zunächst in der griechischen Antike und im Gesamtkunstwerk Richard Wagners, dem er auch persönlich nahegetreten war. In der »Geburt der Tragödie« beschrieb er die Tragödiendichtungen von Aischylos und Sophokles als beispielhafte Verbindung des Dionysischen und des Apollinischen, also der beiden bestimmenden Kulturprinzipien des Rauschhaft-Entgrenzenden und des Geordnet-Maßhaltenden. In Richard Wagners Werk sah er diese Synthese ebenso verwirklicht, sodass enthusiastische Hoffnungen auf die Wiedergeburt deutscher Kultur begründet schienen.

Der junge Nietzsche machte sich zum Apostel der wagnerschen Kunstreligion. Das Christentum hingegen sei unter dem Zugriff »einer historisirenden Behandlung blasirt und unnatürlich geworden (…), bis endlich eine vollkommen historische, das heisst gerechte Behandlung es in reines Wissen um das Christenthum auflöst und dadurch vernichtet« – so heißt es in der zweiten »Unzeitgemäßen Betrachtung« mit dem Titel »Ueber Nutzen und Nachtheil der Historie für das Leben«. Es klingt, als hätte sich das Christentum im Laufe der Weltgeschichte von selbst erledigt.

In der zweiten Hälfte der 1870er-Jahre aber veränderten sich Ton und Stimmung von Nietzsches Philosophie. Die pessimistische Präferenz, die von Arthur Schopenhauer her sein Schreiben bislang bestimmt hatte, verflüchtigte sich ebenso wie die Begeisterung für Wagner, dessen Bayreuther Festspielzirkus Nietzsche abstieß. Das Bühnenweihfestspiel »Parsifal« kam dem Philosophen jetzt wie ein Kniefall vor den christlichen Tugenden der Demut und des Mitleidens vor – ein Kniefall, den er als »tödtliche Beleidigung« empfand: Die Kunstreligion war offensichtlich nicht lebenskräftig genug, um dem Christlichen mit Eigenem Paroli bieten zu können.

Unterdessen hatte Nietzsche die Basler Professur und mit ihr die Philologie als Beruf aufgegeben. Mit Mitte dreißig entschied er sich für das Dasein als freischaffender Philosoph ohne festen Wohnsitz (aber mit guter Basler Rente). Seine neue Philosophie fand zum Schrecken Wagners ihre Vorbilder in der radikalen französischen Aufklärung und wählte als Form den geschliffenen Aphorismus. So schaffte Nietzsche sich Luft zum Atmen.

In den Werken dieser Zeit, in »Menschliches, Allzumenschliches« und der »Morgenröthe«, herrscht gegenüber dem Christentum zwar noch immer der Gestus distanzierter Überlegenheit vor. Aber Nietzsches Analysen wurden schärfer, und das

Vertrauen in die Zersetzungskraft rein historischer Betrachtung schwand.

Das im Frühwerk noch großzügig beiseitegeschobene Christentum gewann zunehmend bedrohliches Potenzial: Weniger als Ansammlung von überlebten Glaubenssätzen und Mythen wurde es jetzt begriffen, vielmehr als dicht gewobenes Netz von weltbildbestimmenden Urteilen und Überzeugungen, die ihre prägende Kraft längst nicht eingebüßt hatten – mochten sich die modernen Menschen noch so sehr von ihm emanzipiert wähnen.

Die Gegenwart ist nach Nietzsches Diagnose viel stärker vom Christentum bestimmt, als es die bequemen Freigeister und Ungläubigen wahrhaben wollen. Christentum steht in Nietzsches Werk fortan für Lebensfeindlichkeit, die sich noch lange fortpflanzt, während die christlichen Dogmen ihre Glaubwürdigkeit verloren haben.

Auch Schopenhauer (und mit ihm Freund Overbeck) hatte im Christentum eine ursprünglich welt- und lebensentsagende Bewegung gesehen, die allerdings ihren starken Zug zur Willensverneinung nach und nach verlernt habe. Nietzsche hingegen hielt diesen Zug trotz aller Tarnung für unvermindert dominant, selbst noch in den zeitgenössischen Schwundstufen. Als Religion mochte das Christentum verblichen sein, als Moral blieb es für ihn gespenstisch lebendig.

Ein eindringliches Beispiel dafür gibt der Aphorismus 125 in der 1882 erschienenen »Fröhlichen Wissenschaft«. Dort findet sich das berühmte Wort: »Gott ist tot.« Es handelt sich hierbei nicht um das persönliche Bekenntnis Nietzsches. Vielmehr schreibt Nietzsche die Losung einem »tollen Menschen« zu, von dem erzählt wird, wie er am helllichten Tag mit einer Laterne auf den Marktplatz kommt und den dort versammelten Leuten verkündet, Gott sei tot und alle hätten ihn getötet.

Der »tolle Mensch« erntet nur Spott und Gelächter, denn die Umstehenden haben ausdrücklich auch schon vorher nicht mehr an Gott geglaubt. Was ihnen aber nicht klar ist und was der merkwürdige Geselle ihnen nahebringen will, sind die Konsequenzen dieser Ermordung Gottes. Denn sie glauben, auch ohne Gott weiter so vor sich hin leben zu können wie immer. Der »tolle Mensch« versucht hingegen, ihnen zu vermitteln, dass mit Gott ihr gesamtes Weltbild hinfällig geworden sei, dass sie nichts mehr hätten, woran sie sich halten können.

Die Leute auf dem Markt sind sich der fatalen Konsequenzen einer Tötung Gottes nicht bewusst. Sie glauben, die christlich inspirierte Moral weiter aufrechterhalten zu können, während sie doch deren transzendenter Grundlage längst beraubt sind. Mit seiner gottlosen Predigt dringt der aufrührerische Marktschreier allerdings nicht durch; man hält ihn einfach für verrückt. Dass ihre Welt ohne Gott entleert ist, merken die Leute auf dem Markt nicht einmal.

Mit der philosophischen Anekdote vom »tollen Menschen« eröffnete Nietzsche einen Problemhorizont, in den er seine weitere Auseinandersetzung mit dem Christentum stellte: Offensichtlich ließ es sich weder mit bloßer philologischer Textkritik noch mit beißendem atheistischen Witz aus der Welt schaffen.

Was der Philosoph stattdessen entwickelte, ist ein moralgenealogisches Verfahren. Es sollte zeigen, dass alle Moral geschichtlich entstanden ist, dass wir uns somit nicht auf unverrückbare moralische Intuitionen verlassen können. Die vom Christentum in Geltung gebrachte Moral sei erfunden worden von den Schwachen, den Unterlegenen, den Zu-kurz-Gekommenen, die sich ihrer bedient hätten und nach wie vor bedienten, um obenauf zu kommen.

In den späten Werken Nietzsches, namentlich in der »Genealogie der Moral« von 1887 und in der »Götzen-Dämmerung«

von 1888, gilt die christliche Kirche daher als eine Institution, deren Ziel die Zähmung der ungeschlachten und wilden Menschennatur ist. »Sie wird geschwächt, sie wird weniger schädlich gemacht, sie wird durch den depressiven Affekt der Furcht, durch Schmerz, durch Wunden, durch Hunger zur krankhaften Bestie.« Es sollen die von Natur Starken und Gesunden gewesen sein, so Nietzsche, deren Willen durch die christliche Domestizierung gebrochen worden sei, um sie moralisch gefügig sowie sozial verträglich zu machen.

Der von »Priestern« verwalteten »Sklaven-Moral« hält Nietzsche in seinen philosophischen Denkexperimenten eine »Herren-Moral« entgegen. Ob dies aber eine neue Gewaltherrschaft von physisch Überlegenen in Aussicht stellt, die mit der Abschüttelung des christlich-moralischen Jochs selbst wieder Unterjochende werden wollen, bleibt im Ungefähren. Entsprechend buntscheckig und widersprüchlich sind die politischen Folgerungen, die die Nachwelt aus Nietzsches Attacken meinte ziehen zu müssen.

»Also sprach Zarathustra« (1883/85) wollte Nietzsche als weltgeschichtlichen Paukenschlag verstanden wissen, auch wenn oder gerade weil sich damals kaum ein Leser um dieses neue, so rätselhafte Werk scherte. Der Philosoph ließ darin unter dem Namen des altpersischen Propheten Zarathustra eine Figur auftreten, die man fälschlich immer wieder mit Nietzsche identifiziert hat.

Dieser Zarathustra geht zu den Menschen und versucht, ihnen philosophische Lehren nahezubringen, spricht vom Übermenschen, vom Willen zur Macht und von der ewigen Wiederkunft des Gleichen. Er bedient sich des hohen Tons religiöser Verkündigung, suhlt sich in einer Metaphernflut und macht Richard Wagner Konkurrenz beim Versuch der Publikumsüberwältigung. Oft hat man Nietzsches »Also sprach Zarathustra«

als Bemühen um eine atheistische Religionsgründung verstanden wissen wollen.

Dabei wurde allerdings übersehen, dass Nietzsche die Zarathustra-Figur in ihrem missionarischen Bemühen ebenso scheitern lässt wie den »tollen Menschen« der »Fröhlichen Wissenschaft«. Eine säkulare Zarathustra-Religion als Christentumsersatz ist nicht Nietzsches Angebot, sondern das Produkt entfesselter Nietzscheaner in parachristlicher Sinnsucht. In »Also sprach Zarathustra« werden zwar die alten Tafeln der Moral zerbrochen, die neuen jedoch bleiben, entgegen anderslautenden Bekundungen, weitgehend unbeschrieben.

So scharf die »Genealogie der Moral« von 1887 mit der sklavenmoralischen, christlichen Umwertung der Werte ins Gericht ging, so deutlich arbeitete Nietzsche darin heraus, wie sehr sich emanzipiert dünkende, frei gewordene Geister im Kern noch christlich moralisiert sind. Er schilderte, wie das dem Christentum durchaus innewohnende Redlichkeitsstreben zunächst Grundfesten der christlichen Dogmatik und dann den Gott selbst preisgibt, um endlich die christlich kontaminierte Moral mit dem ihr innewohnenden »Willen zur Wahrheit« aufs Korn zu nehmen.

Die philosophische Befreiungsbemühung wurzelt also selbst im christlichen Feld, mag sie dieses Feld noch so sehr umpflügen. Nietzsche kalkulierte minutiös die enormen Folgekosten der christlich geprägten Moral, die einengt und vergewaltigt, und die gleichermaßen enormen Folgekosten der Ermordung Gottes, die die Menschen völliger Sinnleere überantwortet und sie dazu zwingt, ihren eigenen Sinn zu schaffen.

Es mutet wie ein Rätsel an, dass Nietzsche im letzten Schaffensjahr 1888 seine Kritik am Christentum zum schrillen Fortissimo steigerte, zugleich aber sein eigenes Dasein in christlich-heilsgeschichtliche Kategorien einpasste. Die Genealogie seiner selbst, in der er sich und sein noch sehr spärliches Publikum über sich selbst aufklären wollte, heißt »Ecce homo« und spielt damit auf das von Pilatus auf Jesus gemünzte Wort an: »Sehet, welch ein Mensch!«

Im »Antichrist« hingegen führt schonungslose Polemik das Wort. Nietzsche bot das ganze Arsenal historisch-philologischer Gelehrsamkeit auf, ebenso psychologisches und physiologisches Wissen; er reicherte das Gemisch an mit Einsichten aus den Werken von Fjodor Dostojewski und Leo Tolstoi. Und all dies, nur um nachzuweisen, dass das aus dem Judentum emporgewachsene Christentum eine weltgeschichtliche Katastrophe sei.

Ressentiment und schlechtes Gewissen seien systematisch dazu benutzt worden, den Menschen kleinzumachen. Demokratie und Gleichberechtigung in der Gegenwart seien nichts anderes als verkapptes Christentum mit anderen Mitteln. Nietzsche wollte seine eigene »Umwerthung aller Werthe« auf die Tagesordnung setzen, die mit dem »Antichrist« schriftstellerisch endlich vollzogen werden sollte.

Dabei wies er Jesus eine Sonderstellung zu: Dieser zu jedem Widerstand unfähige Symbolist war jetzt ganz aus der jüdisch-christlichen Verfallsgeschichte herausgenommen, während Paulus als »Genie im Hass« die eigentliche Gründergestalt des institutionalisierten Christentums verkörperte. Aber der späte Nietzsche entwickelte keine private Jesus-Frömmigkeit, sondern charakterisierte den sogenannten Erlöser als pathologischen Fall des Nicht-widerstehen-Könnens, der bloß sich selbst von seinem Leiden zu erlösen verstanden habe. Jesus ist im »Antichrist« eine Spielfigur, erdacht, um die Christen ihrer eigenen Leitfigur zu berauben.

Näher besehen ist das Rätsel von Nietzsches spätem Antichristentum und seiner eigenen, ironisch gefärbten, christlich-eschatologischen Selbstdeutung also vielleicht doch nicht so groß:

Weder agnostischer Wissenschaftlerdünkel noch die Reden Zarathustras haben die christliche Moral aus der Welt zu schaffen vermocht. Entsprechend scheinen sehr starke polemisch-rhetorische Mittel erforderlich, um jene allgemeine Mobilisierung zu erreichen, die Nietzsche als Umwertung aller Werte für seine Gegenwart und die Zukunft erhoffte.

Dazu waren dann alle Mittel recht: »Überzeugungen« sollten nach einer methodischen Selbstreflexion im Antichrist nicht »Gefängnisse« sein, in die man sich einschließt, sondern »Mittel«, Kampfmittel, um das Christentum als Moral zu beseitigen. Nietzsche ging es darum, den Menschen freizustellen. Frei auch im Sinne von unbehaust, obdachlos.

Der Atheismus des 20. und 21. Jahrhunderts hat Nietzsche immer wieder als Leitbild bemüht. Für plakative Thesen gab sein Werk einen gern genutzten Steinbruch ab. Aber viele seiner Nacheiferer waren und sind in ihrem Atheismus nicht weniger dogmatisch als ihre christlichen Kontrahenten. Nietzsches Warnung, Überzeugungen statt als Gefängnisse als Mittel zu verstehen, haben sie oft in den Wind geschlagen.

Wer die Macht des Christentums neutralisieren will, wäre womöglich noch immer besser beraten, es auf Eis zu legen, anstatt es mit Flüchen zu überziehen. Eine Anfrage Nietzsches pflegen die frommen Atheisten ohnehin zu überhören: dass es womöglich auch mit unserer Moral nichts sei, weil auch diese zu sehr in der christlichen Tradition verwurzelt ist. Wer aber würde es wagen, auch sie auf Eis zu legen?

Andreas Urs Sommer lehrt Philosophie an der Universität Freiburg im Breisgau und leitet die Forschungsstelle Nietzsche-Kommentar der Heidelberger Akademie der Wissenschaften. 2017 erschien sein Buch »Nietzsche und die Folgen« (Verlag J. B. Metzler, Stuttgart).

Dem Rad in die Speichen fallen

Die Nationalsozialisten wollten ihre Ideologie auch in den Kirchen durchsetzen. Der Theologe Dietrich Bonhoeffer konnte das mit seinem Glauben nicht vereinbaren; er schloss sich dem Widerstand gegen Hitler an.

Von Michael Sontheimer

Sein Tod war es, der ihn unsterblich machte. Am 8. April 1945, einen Monat vor dem Ende des Zweiten Weltkriegs, verurteilte ein SS-Standgericht im oberpfälzischen Konzentrationslager Flossenbürg Dietrich Bonhoeffer zum Tode. Im Morgengrauen des nächsten Tages wurde der 39 Jahre alte evangelische Theologe mit vier weiteren Widerstandskämpfern auf den Richtplatz geführt. Die Häftlinge mussten sich nackt ausziehen, dann wurden sie gehängt.

Die Ermordung durch die SS-Schergen hat Dietrich Bonhoeffer zu einem Helden und Märtyrer gemacht, zu einer Art evangelischem Heiligen. Die Mehrheit der Kirchenleute passte sich im Nationalsozialismus den Machthabern an, so wie es die meisten Deutschen taten. Der Theologe Bonhoeffer aber schloss sich den Verschwörern an, die die Deutschen von Hitler befreien wollten, nahm für seine Überzeugung schließlich sogar den Tod in Kauf.

Geboren war er 1906 in Breslau als sechstes von acht Kindern des Psychiatrieprofessors Karl Bonhoeffer, der bald an der Charité in Berlin lehrte. Mit seinem Wunsch, Theologie zu studieren, stieß der vielseitig begabte und hochintellektuelle Dietrich in seiner Familie eher auf Verwunderung als auf Begeisterung. Bereits mit 21 Jahren schloss er sein Studium der evangelischen Theologie in Tübingen und Berlin mit der Promotion ab.

Schon als Student reiste er viel und weit – nach Rom, Barcelona und im September 1930 für ein Jahr nach New York. »Eine Theologie gibt es hier nicht«, schrieb er in die Heimat. »Es wird das Blaue vom Himmel heruntergeschwatzt ohne die geringste sachliche Begründung.« Bonhoeffer freundete sich mit einem schwarzen Kollegen an; er erlebte die Rassentrennung und die Diskriminierung der Afroamerikaner.

Bonhoeffer, der sein erstes Pfarramt als Studentenpfarrer in Berlin antrat, war also in puncto Rassismus sensibilisiert, für die Ökumene interessiert, und er bewegte sich auf eine pazifistische Position zu. Auf einer internationalen Jugend-Friedenskonferenz in der Tschechoslowakei 1932 forderte er: »Die Ordnung des internationalen Friedens ist heute Gottes Gebot für uns.«

Die Bewährungsprobe für seine Überzeugungen kam, nachdem Adolf Hitler Ende Januar 1933 Reichskanzler geworden war. Im Kreis von Vertrauten verhehlte der Nationalsozialist seinen Abscheu gegenüber der Religion nicht: »Der schwerste Schlag, der die Menschheit getroffen hat, ist das Christentum; der Bolschewismus ist der uneheliche Sohn des Christentums; beide sind Ausgeburt des Juden.« Hitler wünschte sich, »dass auf der Kanzel nur noch lauter Deppen stehen und vor ihnen alte Weiblein sitzen«.

Da aber etwa 95 Prozent der Deutschen Mitglied der evangelischen oder der katholischen Kirche waren, hielten sich die

Nazis taktisch zurück. Schon 1932 hatten sie die »Glaubensbewegung Deutsche Christen« begründet; ihre Flagge enthielt ein Hakenkreuz.

Mitte November 1933 erklärte ihr Berliner Gauobmann Reinhold Krause auf einer Kundgebung im Sportpalast, man müsse sich nun »vom Alten Testament mit seiner jüdischen Lohnmoral, von diesen Viehhändler- und Zuhältergeschichten« frei machen und »auf die ganze Sündenbock- und Minderwertigkeitstheologie des Rabbiners Paulus« verzichten.

Bonhoeffer hingegen hatte bereits im Juli 1933 in seinem Aufsatz »Die Kirche vor der Judenfrage« klargemacht, dass die Kirche auch die Möglichkeit habe, »nicht nur die Opfer unter dem Rad zu verbinden, sondern dem Rad selbst in die Speichen zu fallen«. Der Konflikt mit dem Regime war absehbar.

Vielleicht auch deshalb ging Bonhoeffer zunächst als Auslandspfarrer nach London und kümmerte sich um die ersten deutschen Emigranten. In Deutschland formierte sich in dieser Zeit ab Frühjahr 1934 die »Bekennende Kirche« als Gegenbewegung zu den »Deutschen Christen«. Die hier Engagierten wollten keinen Arierparagrafen einführen, stellten sich gegen die »Gleichschaltung« der evangelischen Kirche. Nach seiner Rückkehr übernahm Bonhoeffer die Leitung eines Predigerseminars der Bekennenden Kirche in Pommern. Auf einem einsamen Gut bei Stettin bildete er angehende Pfarrer aus. Die Kirche, davon war er überzeugt, müsse sich an die Seite der Verfolgten stellen. Bonhoeffer setzte sich deshalb als einer der ersten christlichen Theologen auch für die Juden ein.

Der Reichsführer SS Heinrich Himmler ließ im August 1937 die Predigerseminare verbieten; Bonhoeffer und andere führten sie heimlich weiter, bis die Gestapo sie 1940 endgültig auflöste. Bonhoeffer wurde mit einem Rede- und Veröffentlichungsverbot belegt.

In dieser Zeit vollzog der Theologe den Schritt vom Pazifismus zum bewaffneten Widerstand gegen das Regime der Nationalsozialisten. Bonhoeffer kannte natürlich das Bibelwort »Wer das Schwert nimmt, der soll durchs Schwert umkommen«, aber er kam zu der Überzeugung, dass der Tyrannenmord im Falle Hitlers gerechtfertigt sei.

Bonhoeffers Schwager Hans von Dohnanyi brachte Bonhoeffer in Kontakt mit anderen Verschwörern gegen Hitler und sorgte dafür, dass er als Verbindungsmann ins Ausland reisen konnte. Doch die Gruppe flog auf; Dohnanyi und Bonhoeffer wurden Anfang April 1943 verhaftet und drei Monate später wegen »Wehrkraftzersetzung« angeklagt.

Im Untersuchungsgefängnis der Wehrmacht in Berlin-Tegel rekapitulierte Bonhoeffer in Briefen die Genese seines Glaubens. »Ich dachte, ich könnte glauben lernen, indem ich selbst so etwas wie ein heiliges Leben zu führen versuchte«, schrieb er. »Später erfuhr ich und ich erfahre es bis zur Stunde, dass man erst in der vollen Diesseitigkeit des Lebens glauben lernt.«

Seinen Weg zu Gott beschrieb er so: »Wenn man völlig darauf verzichtet hat, aus sich selbst etwas zu machen – sei es einen Heiligen oder einen bekehrten Sünder oder einen Kirchenmann, einen Gerechten oder einen Ungerechten, einen Kranken oder einen Gesunden –, dann wirft man sich Gott ganz in die Arme.« Die letzten theologischen Ausführungen Bonhoeffers kreisen um »ein christliches Leben in einer religionslosen Welt«. Die Ausarbeitung einer konsistenten Lehre gelang ihm nicht mehr.

Nachdem das Reichssicherheitshauptamt durch Bomben schwer beschädigt worden war, verlegte die SS Bonhoeffer ins KZ Buchenwald und schließlich in das Lager Flossenbürg in der Oberpfalz.

»Er war fröhlich und aufgelegt, jeden Scherz zu erwidern«, erinnerte sich ein englischer Mithäftling in Buchenwald. »Bonhoeffer war ganz Bescheidenheit und Freundlichkeit. Er war einer der ganz wenigen Männer, die ich je getroffen habe, denen ihr Gott immer nahe und wirklich war.«

Adler und Huhn

Die Befreiungstheologie in Lateinamerika wollte ein besseres Leben für die Armen im Hier und Jetzt – sie verband die Religion mit sozialistischen Idealen. Was ist unter dem argentinischen Papst Franziskus aus der Bewegung geworden?

Von Jens Glüsing

Das Haus des Dichters Ernesto Cardenal auf der Insel Mancarrón im Nicaragua-See ist ein Ort zum Träumen. Vom Balkon schweift der Blick über eine liebliche Tropenlandschaft. Dampfender Urwald liegt dem Besucher zu Füßen, am Horizont erstreckt sich wie ein riesiger silbriger Teller der See. Kleine Boote tanzen auf den Wellen.

Hier, auf der größten Insel des Solentiname-Archipels, starteten Fischer, Bauern und Geistliche vor mehr als 50 Jahren ein religiöses Experiment, das jahrzehntelang engagierte Christen in Lateinamerika und Europa faszinierte. Unter Leitung des früheren Trappistenmönchs Cardenal schlossen sich die Bauern zu einer christlichen Basisgemeinde zusammen. In der klosterähnlichen Gemeinschaft lebten sie nach den Regeln der Befreiungstheologie, die sich damals in ganz Lateinamerika ausbreitete.

Es gab keine Hierarchie wie in einer herkömmlichen Pfarrei, die Bauern selbst organisierten die Gottesdienste. In Bibelkreisen diskutierten sie Gewalt und Ungleichheit und suchten nach Wegen aus der Armut. In seinem Buch »Das Evangelium der Bauern von Solentiname« beschrieb Cardenal seine Erfahrungen.

Die Theologie der Befreiung war der Versuch, das Christentum politisch wirksam zu machen. Katholische Priester und Ordensleute in Lateinamerika stellten sich an die Seite der Armen. Sie nahmen eine dezidiert linke Haltung ein – und gerieten dadurch in Konflikt mit den Kirchenoberen in Rom und mit den Militärdiktaturen in ihrer Heimat. Einige von ihnen zogen für ihre Ideale sogar in den bewaffneten Kampf. Was ist aus dieser Bewegung geworden, die Sozialismus und Religion zusammenbringen wollte und damit auf der ganzen Welt Widerhall fand?

Auf der Insel im Nicaragua-See ist die religiöse Revolution nur noch eine ferne Erinnerung. Am Bootsanleger verkaufen einheimische Künstler naive Malerei, aus dem Gemeindesaal wurde ein kleines Museum. Cardenal, heute 92, war seit Jahren nicht in Solentiname, er lebt in der Hauptstadt Managua. An gesundheitlichen Problemen liegt es nicht: Ein Gerichtsstreit um seine Liegenschaften im Archipel vergällt ihm die Rückkehr.

Cardenals Prozessgegner stehen Präsident Daniel Ortega nahe. Der war einst Anführer der sandinistischen Guerillakämpfer. Wie die Befreiungstheologen setzten die Sandinisten sich für ein sozialistisches Nicaragua ein, gegen den verhassten Despoten Anastasio Somoza. Doch inzwischen ist Cardenal verbittert über den einstigen Genossen: »Daniel Ortega ist ein Diktator«, sagt Cardenal. Sein schlohweißer Bart zittert vor Erregung, unter dem schwarzen Barett funkeln dunkle Augen. Die Regierung verfolgt ihn, vorübergehend hatte er sogar erwogen, ins

Exil zu gehen. Schriftstellerkollegen aus aller Welt haben sich mit ihm solidarisiert.

Seinen Traum von einem religiös begründeten, revolutionären Weg aus Armut und Unterdrückung hat Cardenal dennoch nicht aufgegeben. Er glaubt allerdings nicht mehr, dass die Befreiung von einer wie auch immer motivierten Guerilla ausgeht. Seine Hoffnung gilt jetzt dem Mann im Vatikan: »Papst Franziskus macht die Revolution.«

Ein Papst war es auch, der einst die Hoffnungen auf ein politisches Christentum an der Seite der Armen beflügelte. »Die Kirche kann kein ehrwürdiges Museum sein, sie muss das Haus aller sein, luftig und angenehm zum Leben«, verkündete der betagte Papst Johannes XXIII.; er berief 1962 das Zweite Vatikanische Konzil ein, das bis 1965 tagte.

Ziel der Kirchenversammlung war das »Aggiornamento«, eine Aktualisierung des Selbstverständnisses der katholischen Kirche. In der lateinamerikanischen Peripherie war sie bis dahin als elitäre Macht wahrgenommen worden, denn die Staatskirchen sahen sich als Spiegel Roms. Mit dem Vatikanum aber ließ die Kirche »frischen Wind« in die Gemeinden, so beschreibt es der brasilianische Befreiungstheologe Leonardo Boff.

In Lateinamerika führten die vatikanischen Reformen dazu, dass die Kirche ihre soziale Rolle neu definierte. Sie müsse vor allem eine »Kirche der Armen« sein, hatte Johannes XXIII. vor dem Konzil gefordert. Junge Theologen in Lateinamerika interpretierten das als einen Aufruf, die bestehenden sozialen Verhältnisse umzuwälzen. Die Worte Boffs waren unmissverständlich: »Wenn die Unterdrückung regiert, muss die Rolle der Kirche die Befreiung und Veränderung sein.«

Auf der lateinamerikanischen Bischofskonferenz in Medellín 1968 prangerten einige Bischöfe erstmals die soziale Ungerechtigkeit an. In Brasilien rief der »rote Bischof« Dom Hélder Câmara zum Aufstand gegen die bestehenden Verhältnisse auf. Einige Priester nahmen den Appell zur Rebellion wörtlich: In Kolumbien schlossen sich Camilo Torres und Manuel Pérez der Guerilla an und gingen in den Untergrund, sie folgten dem Beispiel Fidel Castros und der kubanischen Revolution.

Ihre Radikalisierung ist nur zu verstehen vor dem Hintergrund des Kalten Krieges, der Lateinamerika ideologisch gespalten hatte. In vielen Ländern herrschten in den Siebziger- und Achtzigerjahren Militärdiktaturen, die teilweise mithilfe der USA an die Macht gekommen waren. Sie bekämpften die linken Theologen auch mit Gewalt. Im März 1980 erschoss der Anführer einer rechtsgerichteten Todesschwadron den Erzbischof von San Salvador, Oscar Romero, während dieser die Messe las. Neun Jahre später ermordeten Auftragskiller sechs Jesuiten, die an der Zentralamerikanischen Universität in San Salvador lehrten.

Manche Befreiungstheologen, unter ihnen auch der Nicaraguaner Ernesto Cardenal, pflegten eine ambivalente Haltung zur Gewalt, das war eine der Konfliktlinien mit Rom. Sie traten für einen radikalen sozialen Wandel ein, darin sahen ihre Gegner eine ideologische Abweichung von der katholischen Sozialdoktrin. Der Mix aus Sozialismus und Christentum, den die Befreiungstheologen propagierten, kam im Vatikan nicht gut an.

Bei seinem Besuch in Nicaragua 1983 tadelte Johannes Paul II., der durch die kommunistische Diktatur in seinem Heimatland Polen geprägt war, öffentlich den Revolutionspriester Ernesto Cardenal. Das Foto des Papstes, der auf dem Flughafen von Managua mit erhobenem Zeigefinger den vor ihm knienden Cardenal zurechtwies, ging um die Welt.

Den Franziskaner Boff, der die Hierarchie der Amtskirche in einer flammenden Streitschrift kritisiert hatte, lud im Jahr 1984

Kardinal Joseph Ratzinger, der damals die Glaubenskongregation leitete, zur Zurechtweisung nach Rom vor. Boff musste auf dem Sessel Platz nehmen, auf dem schon der als Ketzer verfemte Galileo Galilei gesessen hatte. Die Kurie verurteilte ihn zu einem einjährigen Rede- und Lehrverbot, dem sogenannten Bußschweigen. Auch Cardenal wurde 1985 von seinem Amt als Priester suspendiert.

Der Streit mit der Amtskirche sorgte auf der ganzen Welt für Schlagzeilen. Doch den Basisgemeinden in Lateinamerika brachte er keinen Zulauf. Viele Gläubige klagten über die Politisierung durch übereifrige Priester.

Das größte Problem der Befreiungstheologie seien nicht so sehr die theologischen Irrtümer gewesen, sondern die mangelnde Seelsorge, meint der spanische Kirchenhistoriker Alberto Royo Mejía. Sie habe auf »unerbittliche Weise die Kirchen geleert«. Vielleicht auch deshalb liefen in den vergangenen Jahren Millionen Katholiken zu den evangelikalen Kirchen über.

Seit 2013 aber gibt es eine neue Hoffnung für Befreiungstheologen wie Ernesto Cardenal: Mit Franziskus steht der erste Lateinamerikaner an der Spitze der katholischen Kirche. Nach dem streng antikommunistischen Johannes Paul II. und dem volksfernen Traditionalisten Benedikt XVI. ist jetzt ein Papst an der Macht, der die »Kirche der Armen« aus eigener Erfahrung kennt.

Als Erzbischof von Buenos Aires besuchte Franziskus, der damals noch Jorge Mario Bergoglio hieß, regelmäßig die Elendsviertel der argentinischen Hauptstadt. Und tatsächlich mehren sich schon seit einigen Jahren die Anzeichen einer Entspannung zwischen dem Heiligen Stuhl und den Rebellen.

Ausgerechnet der eher konservative deutsche Kardinal Gerhard Ludwig Müller, den Benedikt im Juli 2012 zum Präfekten der Glaubenskongregation ernannt hatte, leistete dazu einen

Beitrag. Müller pflegte enge Kontakte zu dem peruanischen Dominikaner Gustavo Gutiérrez, der 1971 in einem Standardwerk die theoretischen Grundlagen für die Befreiungstheologie gelegt hatte.

Schon im Jahr 2004 gaben Müller und Gutiérrez gemeinsam das Buch »An der Seite der Armen. Theologie der Befreiung« heraus. Sie schlugen damit eine Brücke der Versöhnung und versuchten zugleich, die Befreiungstheologie zu aktualisieren: In dem Werk geht es um Globalisierung, Informationstechnologie und andere Herausforderungen der Postmoderne.

Unter dem argentinischen Papst Franziskus hat sich das Verhältnis zu den linken Kirchenkritikern endgültig entkrampft. Franziskus ist durch und durch Pragmatiker, er hat die Diskussion entideologisiert, mit den einst geächteten Theologen hat er Nachsicht: Er sieht ihre Irrungen und Wirrungen als Folge der schreienden sozialen Ungerechtigkeit auf dem lateinamerikanischen Kontinent.

Einige der wichtigsten Vertreter der Befreiungstheologie, die unter seinen Vorgängern in Ungnade gefallen waren, hat Franziskus bereits rehabilitiert.

So sprach der Papst 2015 Oscar Romero selig, den 1980 ermordeten Erzbischof von San Salvador. Er hob vor dessen Tod die Strafmaßnahmen gegen den nicaraguanischen Geistlichen und Politiker Miguel d'Escoto auf, der unter Johannes Paul II. vom Priesteramt suspendiert worden war. Mit Leonardo Boff führt Franziskus einen regen Briefwechsel. Und auch bei den Friedensverhandlungen der kolumbianischen Regierung mit der marxistischen Guerilla Farc, die bis August 2016 auf Kuba stattfanden, stand der Papst Pate.

Franziskus tritt bescheiden auf, er lässt sich gern in einem Kleinwagen kutschieren und verzichtet auf päpstlichen Pomp. Viele linke Christen glaubten daher, dass die Befreiungstheologie mit dem volkstümlichen Franziskus eine Renaissance erleben würde. Doch das ist ein Missverständnis.

Er selbst sei nicht mehr übermäßig an der Befreiungstheologie interessiert, bekannte der mittlerweile verstorbene Peruaner Gustavo Gutiérrez, einst einer der Vordenker der Befreiungstheologie, nach einem Besuch beim Pontifex 2013. Die »Option für die Armen« sei eine zentrale Botschaft des Evangeliums, und Franziskus sei ein Mann des Evangeliums. Eine weiter gehende ideologische Ausdeutung war für Gutiérrez damit überflüssig. Und auch Franziskus tritt eher für eine »Befreiungstheologie light« ein – sozialer Wandel ja, aber ohne Marxismus.

Tatsächlich zählte Franziskus nie zu den Befreiungstheologen – auch wenn ihn viele linke Kirchenanhänger gern als solchen vereinnahmen. Als junger Jesuitenpriester in Argentinien »suchte Bergoglio seine eigene Antwort auf den Ruf des Evangeliums nach einer Option für die Armen«, schrieb der konservative Kirchenkritiker Giuseppe Nardi 2013. Der spätere Papst sei von der »Volkstheologie« inspiriert gewesen. Der zentrale Unterschied zur Befreiungstheologie liege darin, »dass der bewaffnete Kampf durch eine praktizierte Armut ersetzt wurde«.

Vor allem jedoch lehnte Bergoglio die sozialistischen Ideen ab, die viele Befreiungstheologen und Ordensleute in Lateinamerika inspirierten. »Er wurde deshalb jahrzehntelang bis zu seiner Papstwahl von Teilen seines Jesuitenordens isoliert und gemieden«, so Nardi, der seinerseits versucht, Franziskus' Positionen auf der Seite der Konservativen zu verorten.

Mehrere Jahre lang war der von dem Orden in die Provinz verbannt worden. Nardi: »Diese Haltung Bergoglios war mit ausschlaggebend dafür, dass er 1992 von Johannes Paul II. zum Weihbischof von Buenos Aires ernannt wurde.«

Die Basisgemeinden, die wohl wichtigste Errungenschaft der Befreiungstheologie, weiß Franziskus jedoch durchaus zu schätzen: Er sieht in ihnen einen Weg, um dem grassierenden Priestermangel zu begegnen. Franziskus hat die Rolle der Laien aufgewertet und die enorme Bedeutung der Frauen für die Kirche betont. In einigen Basisgemeinden lesen Frauen sogar die Messe.

Das passt zu der Entwicklung, die die Befreiungstheologie in den vergangenen Jahren genommen hat. Die noch existierenden Basisgemeinden in Lateinamerika sind längst nicht mehr so ideologisch wie in den Siebziger- und Achtzigerjahren.

»Die Zeiten, als in den Kirchengemeinden der soziale Kampf ausgerufen wurde, sind vorbei«, sagte Anuar Battisti, Erzbischof der Diözese Maringá im Süden Brasiliens, vor zwei Jahren in einem Interview. »Der Begriff Befreiungstheologie wird nicht mehr benutzt, die Bewegung ist in der Anonymität verschwunden.«

Auch die Anführer der Bewegung, einst heftige Kirchenkritiker, haben sich mit den neuen Zeiten arrangiert. Vielschreiber Leonardo Boff widmet sich in seinen Spätwerken vor allem ökologischen Fragen. In seinen Büchern erteilt der umtriebige Theologe praktische Anleitung zur Selbsthilfe: Wie man »vom Huhn zum Adler« werde, beschreibt eines seiner Werke.

Der einstige Revolutionspriester Ernesto Cardenal tritt heute für ein Papsttum auf Zeit ein, er will das Priestertum für Frauen öffnen und fordert die Abschaffung der Zölibatspflicht.

Im September reiste Papst Franziskus nach Kolumbien, wo die Befreiungstheologie mit der lateinamerikanischen Bischofskonferenz von Medellín vor fast 50 Jahren ihren Ausgangspunkt genommen hatte. In kaum einem anderen Land wurden so viele Priester ermordet und Kirchen niedergebrannt wie in Kolumbien.

Vor den versammelten Bischöfen hielt Franziskus in der Kathedrale von Bogotá eine wichtige programmatische Rede. Viele hatten einen starken politischen Unterton erwartet. Stattdessen rüffelte Franziskus die Kirchenmänner, weil sie die Seelsorge vernachlässigten. »Ihr seid keine Politiker, ihr seid Hirten!«, rief er ihnen zu.

Die Kritik war vor allem an Kolumbiens konservativen Klerus adressiert, der dem Friedensabkommen mit der Guerilla Farc skeptisch gegenübersteht. Aber sie richtete sich wohl auch an die Befreiungstheologen.

Klub für Aufsteiger

Säkularisierung heißt die Abkehr vom Glauben, die fast alle modernen Gesellschaften trifft. Der Religionssoziologe Detlef Pollack erklärt, wie es dazu kommt – und wo das Christentum nach wie vor erfolgreich ist.

Das Gespräch führte Eva-Maria Schnurr.

SPIEGEL: Fast 2000 Jahre lang war das Christentum, global betrachtet, ziemlich erfolgreich. Nun ist es im Niedergang, zumindest in den westlichen Ländern. Wie kommt das?
Detlef Pollack: Tatsächlich geht in fast allen westlichen Ländern die Bindung an die Kirche zurück. Und auch an Gott glauben immer weniger Menschen, selbst in einst hoch religiösen Ländern wie Irland, Spanien oder Italien. Spirituelle Fragen, die früher existenziell waren – erlange ich ewiges Leben, finde ich sündiger Mensch vor Gottes Augen Gnade –, verlieren an Bedeutung.

Den Menschen geht es auf Erden so gut, dass die Notwendigkeit, auf ein Jenseits oder eine Erlösung zu hoffen, weggefallen ist?
Ja, das ist ein entscheidender Punkt. Veränderungen im Menschen- und im Gottesbild setzen in der Zeit der Aufklärung im 18. Jahrhundert ein: Der Mensch wird nicht mehr vor allem als

ein verderbtes und sündiges Wesen gesehen, sondern als zur Tugend und Vervollkommnung begabt. Der Mensch traut sich nun zu, sein Leben und die Welt selbst zu gestalten. Die Funktion des Glaubens, Erklärungen zu liefern für das Leiden in der Welt, für Krankheit, für Tod, für Pest und für Hunger, verliert demgegenüber zunehmend an Bedeutung. Die Frage ist in modernen Gesellschaften nicht mehr: Wie kann ich Gerechtigkeit vor Gott finden? Sondern: Wie kann ich die Welt so verändern, dass sie meinen Wünschen und Bedürfnissen entspricht?

Sie sagten, der Rückgang betreffe alle westlichen Länder. Aber spielt nicht in den USA Religion immer noch eine sehr viel stärkere Rolle, sowohl im Alltag als auch in der Politik?
Auch in den USA sind tief greifende Prozesse der Säkularisierung und Entkirchlichung zu beobachten. Allerdings ist das religiöse Ausgangsniveau höher. In den USA bekennen sich trotz rückläufiger Entwicklungen noch immer 90 Prozent der Menschen zum Glauben an Gott. Aber der Anteil derer, die von sich sagen, sie hätten keine religiöse Bindung, ist inzwischen genauso hoch wie in Westdeutschland. Er liegt heute bei etwa 25 Prozent. Und diese Abschwächung der kirchlichen Bindungen erfolgt ebenso wie in Westeuropa: von Generation zu Generation.

Es gibt also keine Rückkehr der Religiosität in den USA?
Nein. Richtig ist aber, dass die Mobilisierungskraft des Christentums in den USA deutlich höher ist als in Europa. Die evangelikalen Bewegungen dort nehmen oft sehr lautstark Stellung zu Fragen von Moral oder Politik, etwa zu Abtreibung, Homosexualität oder auch zur freiheitlichen Mission der USA in der Welt, damit gewinnen sie immer neue Anhänger. Die wechseln zum Teil von liberaleren kirchlichen Gruppen in das moralisch eindeutigere Lager. Aber gleichzeitig verlieren diese lauten Gemein-

den auch ständig Mitglieder, die die Vermischung etwa von religiösen und sexualethischen oder politischen Fragen nicht länger gutheißen.

In Afrika oder Lateinamerika sind solche Säkularisierungsprozesse nicht zu beobachten, dort hat der Niedergang des Christentums noch nicht begonnen. Hat die Religion für die Menschen dort eine andere Funktion?

Das ungebrochene Wachstum der christlichen Gemeinden in diesen Gegenden erklärt sich vor allem damit, dass Christen – aber auch Anhänger anderer Religionen – schlichtweg mehr Kinder haben als Menschen, die nicht religiös gebunden sind. Aber das Christentum spielt in diesen Gesellschaften auch tatsächlich oft eine andere Rolle als in höher entwickelten Gegenden. Wir beobachten zum Beispiel in Lateinamerika, dass der Glaube stabilisierend wirkt in einem Umfeld, das durch Korruption, zerfallende Familien oder ein schwaches Arbeitsethos geprägt ist. Hier sind es oft die Frauen, die stärker religiös engagiert sind. Sie binden ihre Männer über den Glauben und die Gemeinde wieder an ihre Familie und stabilisieren so deren ökonomische Situation.

In Südkorea ist das Christentum sogar zu einer Religion des sozialen Aufstiegs geworden.

1949 waren dort etwa vier Prozent der Menschen Christen, heute sind es mehr als ein Drittel – ein beachtliches Kirchenwachstum trotz eines gleichzeitig ansteigenden Wohlstandsniveaus. Der Buddhismus war in dem Land durch die japanische Besetzung während des Zweiten Weltkriegs diskreditiert, der Konfuzianismus ebenso, weil er die Fremdherrschaft nicht verhindern konnte. Das Christentum hingegen besaß nach dem Krieg einen guten Ruf, es galt als Repräsentant des Modernisierungsprozesses, den Südkorea so rasant wie kaum ein anderes Land im 20. Jahrhundert hingelegt hat. Die protestantischen Missionare errichteten Schulen, bauten die medizinische Versorgung auf, gründeten Verlagshäuser; und die Menschen, die sich in den Kirchen engagierten, waren zum Großteil zudem wirtschaftlich erfolgreich. So entstanden Netzwerke: Wer aufsteigen wollte, wurde eben auch Christ, die Religion wurde dafür zielgerichtet eingesetzt.

Als eine Art Klub für Aufstiegswillige?
Ja. Wir können derzeit beobachten, dass die am höchsten Gebildeten auch diejenigen sind, die sich als Erste wieder vom Christentum abwenden. Es ist in Südkorea bei vielen offenbar nicht zu einer Verinnerlichung des Glaubens gekommen.

In westlichen Ländern wird ja nicht nur die Gesellschaft moderner; auch die christlichen Kirchen verändern sich, werden liberaler. Ist das ein Weg, dem Rückgang der Religiosität zu begegnen?
Dass die Kirchen die gesellschaftlichen Veränderungsprozesse mitgehen, sichert ihnen ihren gesellschaftlichen Einfluss und verhindert, dass Menschen, die noch eine lose Bindung an die Kirche haben, sich ganz lösen. Der Prozess ist allerdings paradox: Denn ausgerechnet diejenigen, die stark religiös sind, sind enttäuscht von einer Kirche, die sich anpasst, keine klaren Moralvorstellungen mehr vertritt und die Bibel nicht wortwörtlich nimmt. Die Kirchen finden insgesamt eben doch eine höhere Resonanz in Schichten, die geprägt sind durch konservative Werte, die sich Ordnung und sozialen Zusammenhalt wünschen.

Also könnten sie eher wieder mehr Anhänger gewinnen, wenn sie konservativer werden?

Nein, wenn sie mehr auf diese Gruppen zugingen, würden sie die große Mehrheit der liberal Eingestellten verschrecken.

Was passiert, wenn das Christentum noch mehr an Rückhalt in der Gesellschaft verliert?
Gar nicht so sehr viel. Die kulturelle Prägekraft des Christentums ist enorm, es hat unsere Kultur tief beeinflusst. Christliche Werte wie Solidarität, Fairness, Gerechtigkeit sind hoch akzeptiert, ebenso dass die Menschen zuvorkommend miteinander umgehen, sich selbst zurücknehmen, dem anderen sein Recht lassen, sich selbst reflektieren. In Westdeutschland sagen rund zwei Drittel der Menschen, dass das Christentum das Fundament unserer Kultur sei. Und sogar in Ostdeutschland, wo die Entkirchlichung ja noch viel weiter fortgeschritten ist, stimmt dem mehr als die Hälfte zu. Das Christentum hat die Gesellschaft in vielerlei Hinsicht so sehr durchdrungen, dass diese die kirchlichen Lehren gar nicht mehr unbedingt braucht.

Chronik

Das Christentum	Weltgeschichte
Schlüsselereignisse und -gestalten aus der Geschichte des Glaubens	Einige politische und soziale Koordinaten der vormodernen Epoche

ca. 7 v. Chr. bis 30 n. Chr.: Der jüdische Prediger Jesus von Nazaret versammelt Jünger und wird gekreuzigt. Die Urgemeinde verehrt ihn als »Messias« (Christus).

325: Das Konzil von Nicäa, einbestellt von Konstantin dem Großen, nennt Christus »eines Wesens« mit Gottvater, also trinitarisch gleichrangig.

590 bis 604: Mit seinen Bibelkommentaren, aber auch dank seines weisen Stadtregiments in Rom stärkt Gregor der Große nachhaltig das Papsttum.

300 v. Chr. bis 400 n. Chr.: Im kulturellen Schmelztiegel der hellenistischen Welt blühen neben Philosophie zahlreiche Religionen, darunter auch das Judentum.

27 v. Chr. bis 395 n. Chr.: Von Kaisern regiert, sichert das Römische Reich verschiedensten Völkern rund um das Mittelmeer Verwaltungs- und Rechtsstandards.

seit 622: Auf der Arabischen Halbinsel begründet der Prophet Mohammed den Islam, der sich bald nach Norden und Westen kriegerisch verbreitet.

etwa 730 bis 843: In Byzanz mit seiner eigenen Kirchentradition streiten Theologen um Verehrung von Ikonen. Lange behaupten sich die Bilderstürmer.

1077: Der deutsche König Heinrich IV. unterwirft sich im oberitalienischen Canossa dem Papst Gregor VII. – ein Triumph der Kirchenmacht.

1122: Kaiser Heinrich V. und Papst Calixt II. legen im Wormser Konkordat den Investiturstreit bei, zumindest auf dem Pergament.

1302: In seiner Bulle »Unam Sanctam« beansprucht Papst Bonifaz VIII. die unumschränkte Weltherrschaft der katholischen Kirche.

1378 bis 1417: Die politisch motivierte Wahl von Gegenpäpsten löst das Abendländische Schisma aus: Teilweise regieren drei Päpste nebeneinander.

1415: Die Verbrennung des reformatorischen Predigers Jan Hus auf dem Konstan-

800: Mit seiner Kaiserkrönung in Rom gibt Karl der Große allen Nachfolgern ein Leitbild des Zusammenspiels von Kirche und weltlicher Macht.

1096 bis 1270: Begonnen zur Befreiung des Heiligen Landes, entwickeln Kreuzzüge eine Eigendynamik – sogar eigene Ritterorden entstehen.

1212 bis 1250: Der Stauferkaiser Friedrich II. regiert meist von Süditalien aus, interessiert sich für arabische Kultur und sieht Religion als Politikfaktor.

12. und 13. Jh.: Durch die Gründung von Universitäten, zunächst meist kirchlich geprägt, werden Wissen und Forschung in Europa neu organisiert.

1347 bis 1353: In einer Epidemiewelle tötet die Pest in Europa etwa 25 Millionen Menschen, etwa ein Drittel aller Einwohner des Kontinents.

1453: Nach jahrhundertelanger Gegenwehr fällt Konzer Konzil wird zum Fanal erzwungener Kircheneinheit.

1517: Mit seinen 95 Thesen löst Martin Luther die Reformation aus, die zur dauerhaften Kirchenspaltung in Europa führt.

1555: Im Augsburger Religionsfrieden einigen sich die Landesherren auf gegenseitige Duldung ihrer konfessionellen Rechte.

ab 1600: Europäische Kolonien in Übersee – Südostasien, Amerika, Afrika – tragen zur weltweiten Verbreitung des Christentums bei

1611: Mit ihrem »amtlichen« Text wird die King-James-Bibel zum Grundbuch des Englischen – wie zuvor Luthers Übersetzung fürs Deutsche.

1694 bis 1778: Mit seiner wortmächtigen Kirchenkritik gibt der französische Publizist und Großintellektuelle Voltaire seinem Zeitalter die Tonlage vor.

1801: Frankreichs Konkordat stantinopel und mit ihm das Oströmische Reich in die Hände der Osmanen.

1519 bis 1556: Der römisch-deutsche Herrscher Karl V. versucht, Habsburgs weltumspannende Macht auch gegen die Reformation zu behaupten.

1558 bis 1603: Unter dem Regiment von Königin Elisabeth I. erlebt England mit William Shakespeare und Francis Bacon eine intellektuelle Blütezeit.

1618 bis 1648: Im Dreißigjährigen Krieg verbinden sich Konfessionsgegensätze und machtpolitisches Kalkül zu einem langen Zermürbungskampf.

um 1700: Kirchenskepsis und Vernunft-Vertrauen stehen am Anfang der Aufklärung, die bald alle Bereiche des geistigen Lebens erfasst.

1789: Die Französische Revolution richtet sich nicht nur gegen Adel und Monarchie, sie weckt auch Hoffnungen auf eine Vernunftreligion.

1796 bis 1815: Mit seinen

mit dem Vatikan bestätigt die Säkularisierung kirchlicher Einrichtungen, vor allem vieler Stiftungen und Klöster.

1870: Im Dogma von der Unfehlbarkeit des Papstes in Lehrsätzen bekräftigt der Katholizismus seinen geistlichen Hoheitsanspruch.

1948: In Amsterdam wird der Ökumenische Rat der Kirchen gegründet, in dem heute knapp 350 christliche Bekenntnisse vertreten sind.

seit 1953: Seit den Missionstourneen des US-Predigers Billy Graham finden evangelikale Gemeinden auch in Europa größeren Zuspruch.

Feldzügen stürzt Napoleon Europa in Aufruhr. Den Befreiungskriegen folgt eine Phase der politischen Restauration.

1871: Zäh und zielstrebig gelingt es Otto von Bismarck, Preußens König zum Regenten des neuen Deutschen Kaiserreichs auszurufen.

1918 bis 1945: Die beiden Weltkriege mit vielen Millionen Toten und Ermordeten werden zum Schock für die Menschheit und mahnen zum Frieden.

seit 1970: Umweltprobleme, schwindende Energiereserven und die zunehmende Digitalisierung sind die Herausforderungen der Epoche.

Buchempfehlungen

Überblick

Volker Leppin: »Geschichte der christlichen Kirchen«, Verlag C. H. Beck, München, 2010.

Knapp und höchst informativ erläutert der Tübinger Kirchenhistoriker die schon früh einsetzende Spaltung der Jesus-Jünger in konkurrierende Glaubenslehren. Er schildert Jahrhunderte von Konfessionshader und sektiererischen Bewegungen – bis hin zur kaum noch überschaubaren globalen Kirchenvielfalt heute.

Grundkurs

Bernd Möller: »Geschichte des Christentums in Grundzügen«, UTB, Stuttgart, 2012.

Das seit Langem bewährte Buch, entstanden für Studenten, ist keine öde Datensammlung, sondern will Verständnis wecken. Souverän beschreibt Möller die Rolle des Glaubens in der jeweiligen kulturellen Umwelt. Kaum ein wichtiges Detail ist weggelassen; allerdings ist der gut lesbare Grundkurs deutlich protestantisch geprägt.

Epochenbild

Christoph Markschies: »Das antike Christentum. Frömmigkeit, Lebensformen, Institutionen«, Verlag C. H. Beck, München 2017.

Kaum jemand unter den deutschen Kirchenhistorikern kennt sich in der religiösen Vielfalt der Spätantike so gut aus wie der in

Berlin lehrende Christoph Markschies. Sein jargonfrei geschriebenes Buch glänzt vor allem durch die quellentreue Schilderung christlicher Lebensformen wie Gebet, Wallfahrt, Eheleben oder Mönchtum.

Porträt

Robin Lane Fox: »Augustinus«, Klett-Cotta, Stuttgart, 2017.
In seinem jüngsten Buch porträtiert der berühmte Oxforder Geschichtserzähler den fesselndsten und wirkungsmächtigsten unter den Kirchenvätern. Der lange Weg des Nordafrikaners Augustinus zur christlichen Bekehrung, sein Ringen mit den Zweifeln und sein theologischer Weitblick werden ausführlich gewürdigt, aber auch die Spätzeit als Bischof in seiner Heimat.

Katalog

Alfred Wieczorek, Stefan Weinfurter (Hg.): »Die Päpste und die Einheit der lateinischen Welt«, Schnell + Steiner, Regensburg, 2017.
Die Ausstellung des Mannheimer Reiss-Engelhorn-Museums würdigte 15 Jahrhunderte der Papstgeschichte bis zur Reformation – von der allmählichen Durchsetzung Roms als Spitze der klerikalen Hierarchie bis zum Kampf um die Hoheit innerhalb wie außerhalb der Kirche. Der reich bebilderte Katalog stellt Analyse über Verklärung.

Lesestoff

Jörg Lauster: »Die Verzauberung der Welt. Eine Geschichte des Christentums«, Verlag C. H. Beck, München, 2014.
Flüssig geschrieben, auch von Fachleuten anerkannt – das sind die entscheidenden Pluspunkte dieses Buchs, in dem die vielen, oft bizarren Wendungen der Glaubensgeschichte übersichtlich, ja häufig fesselnd dargestellt sind. Ein reichhaltiger Schmöker,

der sein beinahe uferloses Thema mit kulturhistorischem Weitblick und fundamentalem Wohlwollen meistert.

Atlas

Hubert Jedin u. a. (Hg.): »Atlas zur Kirchengeschichte«, Herder Verlag, Freiburg im Breisgau, 2004.
Oft sagt eine Karte mehr als viele Worte. Dieser Atlas, von anerkannten Fachleuten betreut, kommt zwar aus dem katholischen Lager, hält sich aber mit Parteilichkeit zurück. Wissenschaftlich akkurat zeigt er, wo welche Konfessionen florierten; umfangreiches Datenmaterial, das als Statistik abschrecken würde, ist in den grafischen Übersichten prägnant aufbereitet.

Autorenverzeichnis

Cord Aschenbrenner ist Autor und freier Journalist in Hamburg.

Markus Deggerich ist Redakteur im SPIEGEL-Ressort »Sonderthemen«.

Prof. Peter Frankopan lehrt Weltgeschichte an der Universität Oxford.

Alexandra Gittermann ist Historikerin in Hamburg.

Christoph Gunkel ist Redakteur bei SPIEGEL ONLINE.

Nils Klawitter ist Redakteur im Wirtschaftsressort des SPIEGEL.

Uwe Klußmann ist Redakteur im SPIEGEL-Ressort »Sonderthemen«.

Susanne Koelbl ist Redakteurin im Auslandsressort des SPIEGEL.

Prof. Dr. Volker Leppin lehrt Kirchengeschichte an der Universität Tübingen.

Joachim Mohr ist Redakteur im SPIEGEL-Ressort »Sonderthemen«.

Bettina Musall ist Redakteurin im SPIEGEL-Ressort »Sonderthemen«.

Jan Puhl ist Redakteur im Auslandsressort des SPIEGEL.

Prof. Dr. Volker Reinhardt lehrt an der Universität Fribourg.

Judith Rosen ist Dozentin für Alte Geschichte an der Universität Bonn.

Prof. Dr. Dr. Klaus Rosen (em.) lehrte Alte Geschichte an der Universität Bonn.

Dr. Johannes Saltzwedel ist Redakteur im SPIEGEL-Ressort »Sonderthemen«.

Dr. Eva-Maria Schnurr ist stellvertretende Leiterin des SPIEGEL-Ressorts »Sonderthemen«.

Prof. Dr. Andreas Urs Sommer lehrt Philosophie an der Universität Freiburg im Breisgau.

Dank

Entstehen konnte dieser Band nur, weil viele kluge und sorgsame Kollegen die Autoren unterstützt haben. Das von Dr. Hauke Janssen geleitete SPIEGEL-Dokumentationsteam prüfte die Beiträge gewohnt sicher und umsichtig auf sachliche Richtigkeit; beteiligt waren Zahra Akhgar, Viola Broecker, Klaus Falkenberg, Catrin Fandja, Cordelia Freiwald, Renate Kremper-Gussek, Ulrich Klötzer, Sonja Maaß, Tobias Mulot, Rainer Szimm, Nina Ulrich, Ursula Wamser, Anika Zeller und Malte Zeller. Mit unermüdlicher Freundlichkeit besorgten die Bibliothekare Johanna Bartikowski und Heiko Paulsen umfangreiche Fachliteratur.

Frank Dietz verantwortete die Bildauswahl, Andrea Bombek kümmerte sich um die Bildrechte. In der Schlussredaktion prüften Gartred Alfeis, Ulrike Boßerhoff, Dörte Karsten, Christine Kuhlmann, Katharina Lüken und Fred Schlotterbeck den Text noch einmal auf Stimmigkeit. Corinna Engels, Heike Kalb, Kathrin Maas und Elke Mohr im Sekretariat sorgten für den reibungslosen Ablauf.

Rieke Gellert beim SPIEGEL und Karen Guddas bei der DVA haben das gesamte Buchprojekt betreut; für die Herstellung war Andrea Mogwitz verantwortlich. Ihnen allen gilt mein herzlicher Dank für die rundum erfreuliche Zusammenarbeit.

Hamburg, im Sommer 2018
Dr. Eva-Maria Schnurr

Personenregister

Bildnachweis

Seite 27: AKG / De Agostini Picture
Seite 87: BPK / Bayerische Staatsbibliothek
Seite 137: AKG / Fototeca Gilardi
Seite 153: Art Images / Getty Images
Seite 167: BPK
Seite 201: AKG
Alle Grafiken: DER SPIEGEL